KÖNIGS ERLÄUTERUNGEN
Band 75

Textanalyse und Interpretation zu

William Shakespeare

OTHELLO

Tamara Kutscher

Alle erforderlichen Infos für Abitur, Matura, Klausur und Referat
plus Musteraufgaben mit Lösungsansätzen

Zitierte Ausgabe:
Shakespeare, William: *Othello, the Moor of Venice*. Hrsg. Dieter Hamblock.
Stuttgart: Reclam, 2013.

Über den Autor dieser Erläuterung:
Tamara Kutscher ist Oberstudienrätin an einem Klever Gymnasium mit den
Fächern Englisch und Sport.

Das Werk und seine Teile sind urheberrechtlich geschützt. Jede Verwertung
in anderen als den gesetzlich zugelassenen Fällen bedarf der vorherigen
schriftlichen Einwilligung des Verlages. Hinweis zu § 52 a UrhG: Die öffentliche
Zugänglichmachung eines für den Unterrichtsgebrauch an Schulen bestimmten
Werkes ist stets nur mit Einwilligung des Berechtigten zulässig.

1. Auflage 2014
ISBN: 978-3-8044-2014-4
PDF: 978-3-8044-6014-0, EPUB: 978-3-8044-7014-9
© 2014 by C. Bange Verlag GmbH, 96142 Hollfeld
Alle Rechte vorbehalten!
Titelabbildung: Holzstich nach Gemälde von Christian Köhler (1809–1861)
© akg-images
Druck und Weiterverarbeitung: Tiskárna Akcent, Vimperk

INHALT

1. DAS WICHTIGSTE AUF EINEN BLICK – SCHNELLÜBERSICHT   6

2. WILLIAM SHAKESPEARE: LEBEN UND WERK   9

2.1 Biografie   9

2.2 Zeitgeschichtlicher Hintergrund   12

Politische und gesellschaftliche Situation   12

Theater zur Shakespeare-Zeit   16

2.3 Angaben und Erläuterungen zu wesentlichen Werken   19

Macbeth   21

Hamlet   22

Romeo and Juliet   22

King Lear   23

A Midsummer Night's Dream   23

Richard III   24

The Sonnets   25

3. TEXTANALYSE UND -INTERPRETATION   26

3.1 Entstehung und Quellen   26

Cinthios Geschichtensammlung *Hecatomithi*   27

Weitere mögliche Quellen   31

3.2 Inhaltsangabe   35

Act I   35

Act II   39

Act III   43

Act IV   46

Act V   50

3.3	**Aufbau**	54
	Grundstruktur der Handlung	54
	Die Schauplätze	55
	Die Zeit	56
	Klassische Dramen-Struktur	58
	Spannung	60
3.4	**Personenkonstellation und Charakteristiken**	62
	Personenkonstellation: Iagos Hand im Spiel	63
	Othello	65
	Iago	69
	Desdemona	73
	Michael Cassio	76
	Roderigo	77
	Emilia	79
	Brabantio	81
	Nebenfiguren	82
3.5	**Sachliche und sprachliche Erläuterungen**	83
3.6	**Stil und Sprache**	88
	Blankverse und Prosa	88
	Iagos Taktik in der Sprache	89
	Ironie	90
	Wortfelder und Bilder	91
	Himmel und Hölle: weiß und schwarz	91
	Eifersucht und Ehre	92
	Tierbilder	93
	Gift	94
	Wortspiele	95
	Stilmittel	96

3.7 Interpretationsansätze —— 100

Themen und Motive —— 103

Eifersucht und Neid —— 103

Ehre —— 105

Liebe und Hass —— 106

Schein und Sein —— 106

Schwarz und Weiß —— 107

Rassismus und Entfremdung —— 108

Weitere Themen —— 109

4. REZEPTIONSGESCHICHTE   111

5. MATERIALIEN   120

Über Shakespeare und seine Werke —— 120

Äußerungen zu *Othello* —— 123

6. PRÜFUNGSAUFGABEN MIT MUSTERLÖSUNGEN   126

LITERATUR   134

STICHWORTVERZEICHNIS   137

1 SCHNELLÜBERSICHT	2 WILLIAM SHAKESPEARE: LEBEN UND WERK	3 TEXTANALYSE UND -INTERPRETATION	

1. DAS WICHTIGSTE AUF EINEN BLICK – SCHNELLÜBERSICHT

Damit sich jeder Leser in unserem Band rasch zurechtfindet und das für ihn Interessanteste gleich entdeckt, hier eine Übersicht:

Im 2. Kapitel werden das **Leben Shakespeares** und der **zeitgeschichtliche Hintergrund** dargestellt.

⇨ S. 9
→ William Shakespeare lebte von **1564–1616**. Über die Person und den Schriftsteller William Shakespeare weiß man sehr wenig.

⇨ S. 12 ff.
→ Shakespeares Zeit, das **Elisabethanische Zeitalter**, ist eine „goldene" Zeit für England in politischer, wissenschaftlicher und kultureller Hinsicht:

Im 3. Kapitel bieten wir eine Textanalyse und -interpretation.

Othello – Entstehung und Quellen:

⇨ S. 26 ff.
→ *Othello, the Moor of Venice* ist eines von Shakespeares späteren Theaterstücken. Die Uraufführung war wahrscheinlich 1604. Die ersten schriftlichen Überlieferungen des Stückes sind eine Druckschrift („first quarto") von 1622 (Q1) und die Folio-Ausgabe von 1623 (F1).

Inhalt:

⇨ S. 35 ff.
Der angesehene schwarze Feldherr Othello verliebt sich in die schöne Desdemona, Tochter eines reichen venezianischen Kaufmanns. Sie erwidert seine Liebe und beide heiraten heimlich. Der böse Fähnrich Iago spinnt eine fiese Intrige (u. a. mit Hilfe eines Taschentuchs) und verleitet den rechtschaffenen schwarzen General Othello dazu, an die Untreue seiner Ehefrau Desdemona zu glau-

| 4 REZEPTIONS-GESCHICHTE | 5 MATERIALIEN | 6 PRÜFUNGS-AUFGABEN |

ben. Othello tötet Desdemona, obwohl diese unschuldig ist. Iago wird der verbrecherischen Intrige überführt und festgenommen. Othello erkennt seinen tragischen Irrtum und tötet sich selbst.

Aufbau:

Das poetische Drama ist in 5 Akte unterteilt und orientiert sich am **Aufbau einer klassischen Tragödie**, den Shakespeare aber reformiert. Die Zuschauer wissen stets mehr als die Figuren (dramatische Ironie).

⇨ S. 54 ff.

Personen:

Die Hauptpersonen sind:

Othello
⇨ S. 65 ff.
→ edler schwarzer General der Republik Venedig
→ tragischer Held des Dramas, der aufgrund falscher „Beweise" seine Frau Desdemona ermordet und sich schließlich selbst tötet

Iago
⇨ S. 69 ff.
→ bringt durch eine Intrige Othello dazu, an die Untreue seiner Frau zu glauben
→ Motive für Iagos Tat sind nicht eindeutig zu identifizieren
→ weiht das Publikum gleich zu Beginn in seine Pläne ein

Desdemona
⇨ S. 73 ff.
→ Othellos treue, schöne, ihn zutiefst liebende junge Ehefrau
→ tritt beharrlich für den degradierten Cassio ein, was ihr Schicksal besiegelt: Sie wird von Othello getötet

⇨ S. 76 f.	**Leutnant Cassio**

→ Othellos Vertrauter: anständiger junger Soldat, der wegen einer
von Iago geplanten Handgreiflichkeit seinen Posten und das
Vertrauen Othellos verliert

→ soll laut Iago eine Affäre mit Desdemona haben (stimmt nicht)

⇨ S. 79 f.	**Emilia**

→ Ehefrau Iagos und Desdemonas treue Dienerin, die am Ende
Iagos Intrige aufdeckt

⇨ S. 81 ff.   Auch auf **die weiteren Figuren** im Stück gehen wir ausführlich ein.

Stil und Sprache:

⇨ S. 83 ff.   Shakespeares Sprache wird von vielen Schülern wenig geschätzt,
weltweit aber gepriesen für ihren poetischen Zauber, die Fantasie
und Leichtigkeit, die reichen Bilder, den flüssigen Ausdruck und
die Fähigkeit, den verschiedenen Charakteren eine eigene Sprache
zu geben. Bilder (Metaphern und Vergleiche), einzelne Wortfelder
und dramatische Ironie haben in *Othello* eine zentrale Bedeutung.

Interpretationsansätze:

⇨ S. 100 ff.   Wir geben einen Überblick über die verschiedenen literaturwissen-
schaftlichen Interpretationsansätze. Zentrale Themen und Motive
im Stück sind

→ **Schwarz und Weiß (Gut und Böse)**

→ **Schein und Sein**

→ **Liebe und Eifersucht.**

2. WILLIAM SHAKESPEARE: LEBEN UND WERK

2.1 Biografie

JAHR	ORT	EREIGNIS	ALTER
1564	Stratford-on-Avon (England)	William Shakespeare wird als drittes von acht Kindern und erster Sohn der Eheleute John Shakespeare, einem Handschuhmacher, und Mary Shakespeare, geb. Arden, wahrscheinlich am 23. April geboren. Taufe am 26. April.	
ab ca. 1569	Stratford-on-Avon	Der Vater ist inzwischen Bürgermeister in Stratford; vermutlich Besuch der örtlichen grammar school bis der Vater in finanzielle Schwierigkeiten gerät.	5
1582	Stratford-on-Avon	Heirat mit der älteren Anne Hathaway, die aus wohlhabenden Verhältnissen stammt.	18
1583	Stratford-on-Avon	Taufe der Tochter Susanna, ca. 6 Monate nach der Hochzeitserlaubnis.	19
1585	Stratford-on-Avon	Taufe der Zwillinge Hamnet und Judith.	21
1586–1592		„lost years" oder „dark years": Aus diesen Jahren gibt es keine Überlieferungen, nur Spekulationen. Vielleicht hat Shakespeare als Lehrer den Lebensunterhalt für die Familie verdient, vielleicht am Gericht gearbeitet, denn seine Werke zeugen von guten Kenntnissen im Rechtswesen. Vielleicht hat er sich einer Theatergruppe angeschlossen. Fakt ist: Man weiß es nicht.	22–28

William Shakespeare 1564–1616
© Wikipedia

| 1 | SCHNELLÜBERSICHT | | 2 | WILLIAM SHAKESPEARE: LEBEN UND WERK | 3 | TEXTANALYSE UND -INTERPRETATION |

2.1 Biografie

JAHR	ORT	EREIGNIS	ALTER
1592	London	Shakespeares Name taucht erstmals in gedruckter Form in der Londoner Theaterszene auf. Robert Greene, ein Dramatiker, regt sich über einen jungen Emporkömmling „an upstart crow, beautified with our feathers"[1] auf. Er scheint neidisch auf Shakespeare zu sein: „the only Shake-scene in a country"[2] – Anspielung auf Shakespeares Namen. 1592–1594 müssen die Londoner Theater wegen der Pest öfter schließen. In dieser Zeit könnte Shakespeare viel geschrieben haben, z. B. seine Vers-Epen, dem Grafen von Southampton gewidmet, und evtl. auch seine Sonette.	28
1591–1595	London	Uraufführung von *Romeo and Juliet* und *A Midsummer Night's Dream*. 1593: Tod des Dramatikers Christopher Marlowe.	27–31
1594	London	Shakespeare und mindestens zwei Kollegen spielen vor der Königin. Die Theatergruppe wird danach von Elisabeth I. protegiert und nennt sich „The Lord Chamberlain's Men".	30
1595	London	Shakespeare wird Miteigentümer bei den „Lord Chamberlain's Men".	31
1596	Stratford	Sohn Hamnet stirbt mit 11 Jahren.	32
1597	Stratford	Shakespeare kauft das zweitgrößte Haus in Stratford, genannt „New Place".[3]	33
1598	London	Shakespeare spielt in Ben Jonsons *Every Man in His Humour*.	34

---

1 Zitiert nach Greenblatt, Stephen, Abrams, M. H.: *The Norton Anthology of English Literature*. Volume I. New York. London. 2006, S. 1058.
2 Zitiert nach Wells, Stanley; De Grazia, Margreta: *The New Cambridge Companion to Shakespeare*. *Cambridge Companions to Literature*. Cambridge 1986, S. 5.
3 Vgl. Bryson, S. 119.

| 4 REZEPTIONS- | 5 MATERIALIEN | 6 PRÜFUNGS- |
| GESCHICHTE | | AUFGABEN |

2.1 Biografie

JAHR	ORT	EREIGNIS	ALTER
1599	London	Bau des „Globe Theatre".	35
1601	Stratford	Vater John wird begraben; Uraufführung von *Hamlet*.	37
1603	London	Königin Elisabeth I. stirbt: Umbenennung der „Lord Chamberlain's Men" in „King's Men", weil die Gruppe jetzt für König Jakob I. von England spielt: etwa 12 Aufführungen pro Jahr bei Hof.	39
1603–1604	London	Entstehung und Uraufführung von *Othello* (evtl. am 1. November 1604).	39/40
1605	London	Uraufführung von *King Lear*.	41
1607	Stratford	Tochter Susanna heiratet Dr. John Hall.	43
1608	Stratford und London	Taufe von Enkeltochter Elizabeth Hall; Williams Mutter Mary wird begraben. Ankauf des „Blackfriar's Theatre" durch die „King's Men", um auch in einem eigenen Innenraum spielen zu können.	44
1609		Nachweis der Sonette (1598 aber schon Erwähnung).	45
1610/11	Stratford	Rückkehr Shakespeares nach Stratford. Uraufführung von *Macbeth* im Jahr 1611.	46/47
1613	London	Kauf eines Hauses in London. Das „Globe Theatre" brennt während einer Aufführung von *Henry VIII* nieder.	49
1616	Stratford	Tochter Judith heiratet Thomas Quiney. Shakespeare schreibt sein Testament (seine Frau bekommt nur sein „zweitbestes Bett"), stirbt und wird in Stratford begraben.	52
1622	London	Erste gedruckte Ausgabe von *Othello* (Q1).	
1623	London	Herausgabe der „first folio" (F1): Erste Gesamtausgabe von Shakespeares Werken.	

| 1 SCHNELLÜBERSICHT | 2 WILLIAM SHAKESPEARE: LEBEN UND WERK | 3 TEXTANALYSE UND -INTERPRETATION |

2.2 Zeitgeschichtlicher Hintergrund

2.2 Zeitgeschichtlicher Hintergrund

ZUSAMMEN-FASSUNG

Im Elisabethanischen Zeitalter, der Zeit Shakespeares, erlebt England eine „goldene" Zeit[4] in politischer, wirtschaftlicher, wissenschaftlicher und künstlerischer Hinsicht. Wohlstand und Macht stärken das Selbstbewusstsein und erweitern die materiellen Möglichkeiten. Ideen der Renaissance aus Italien erreichen die britische Insel.

Politische und gesellschaftliche Situation

Elizabethan Age

Die Tochter Heinrichs VIII., **Königin Elisabeth I.**, besteigt 1558 im Alter von 25 Jahren den Thron Englands. Ihre Regierungszeit, die bis ins Jahr 1603 andauert, geht als das sogenannte Elisabethanische Zeitalter[5] oder auch „The Golden Age" in die Geschichte ein. Diese Zeitspanne ist gekennzeichnet durch:

→ **Wandel und Veränderung**

→ **Entdeckungen und Expansion**: 1580 kehrt Drake von seiner Weltumsegelung zurück; Gründung von Kolonien.

→ **Militärische Stärke**: Abwehr von Invasoren, Eroberungen und Siege (z. B. gegen die bis dato unbesiegte spanische Flotte, die „Armada").

→ Politische und nationale Einheit, relative **innere Stabilität**: kein Krieg im eigenen Land; 1604: Frieden mit Spanien; Entwicklung einer gemeinsamen Sprache und des Nationalgefühls.

---

4 Es gibt in dieser Zeit aber auch Armut und Elend; Epidemien wie die Pest, Hunger und Arbeits-losigkeit oder politische Unruhen.

5 Zwar starb Elisabeth I. 13 Jahre vor Shakespeare (danach bestieg König Jakob I. [engl. James I], ehemals König Jakob VI. von Schottland, ein Sohn von Elisabeths Halbschwester Maria Stuart, den englischen Thron), doch werden Shakespeare und sein Schaffen allgemein dem Elisabetha-nischen Zeitalter zugeordnet.

4 REZEPTIONS-GESCHICHTE	5 MATERIALIEN	6 PRÜFUNGS-AUFGABEN

2.2 Zeitgeschichtlicher Hintergrund

→ **Wirtschaftliche Erfolge** durch handwerkliche und technische Entwicklungen: florierender Handel – Transporte, Exporte → das führt zu relativem Wohlstand in der Bevölkerung

→ **Relative religiöse Stabilität** (Elisabeths Vater Heinrich VIII. gestaltet die englische Kirche um; Verfolgungen oder Inquisition nahmen ab; Einflüsse der Reformation)

→ Wissenschaftliche Forschung und beginnende geistige **Aufklärung**

→ **Kulturelle und künstlerische Entwicklung** in der Malerei, Bildhauerei, Literatur; Ideen der Renaissance aus Italien und Frankreich verbreiten sich über die britische Insel; Bildung erlangt höhere Bedeutung für mehr Teile der Bevölkerung, das Mittelalter weicht langsam der Moderne; klassische Ideale werden wiederentdeckt.

Diese **günstigen Bedingungen** verbreiten Optimismus und lassen das britische Selbstbewusstsein erstarken. Viele Menschen sind neugierig, experimentierfreudig und hungrig nach Entdeckungen und Neuem. Zudem verändern sich die Lebensbedingungen und -gewohnheiten: Die Bevölkerung wächst und mehr Menschen ziehen in die Städte,[6] was zu städtebaulichen Veränderungen führt. Immobilien gewinnen als Kapitalanlage und Zukunftssicherung an Bedeutung (davon hat auch Shakespeare Gebrauch gemacht).

Lebensbedingungen sind im Wandel

Elisabeth I., die jungfräuliche, protestantische Monarchin, personifiziert diesen Aufschwung Englands. Sie ist eine glamouröse Persönlichkeit, eine überzeugende Rednerin und Politikerin und spricht viele Sprachen. Sie vergnügt sich gern und fördert dementsprechend Theater, Musik, Tanz und Malerei in ihrer Zeit.

---

6 London hat 1520 ca. 60 000, 1550 ca. 120 000 und 1560 ca. 375 000 Einwohner. In der ersten Hälfte des 17. Jahrhunderts ziehen täglich ca. 10 000 Menschen nach London. Dennoch lebt nur etwa jeder zehnte Engländer in einer Stadt.

2.2 Zeitgeschichtlicher Hintergrund

König Elisabeth I.
1533–1603
© ullstein bild –
Pressefoto
Kindermann

Das elisabethanische Weltbild

So fortschrittlich die Elisabethaner in mancher Hinsicht sind, so herrscht in der Gesellschaft doch ein charakteristischer **Zwiespalt** zwischen einerseits relativ aufgeklärtem, rationalem und andererseits **mittelalterlichem, abergläubischem Denken** und Handeln. „Auge um Auge, Zahn um Zahn"[7] gilt als gängiges Rechtsprinzip. Es gibt noch Hexenverbrennungen, öffentliche Folter und Exekutionen[8]. Frauen sind sozial schlechter gestellt als Männer. Sie dürfen nicht zur Schule gehen und werden z. T. zur Ehe mit von den Eltern ausgewählten Partnern gezwungen. Sie haben ihren Vätern oder Ehemännern zu gehorchen und zu dienen und dürfen sogar geschlagen werden.[9]

Das kopernikanische heliozentrische System, welches das alte Weltbild ablöst, ist zwar seit 1534 bekannt, setzt sich aber erst nach und nach durch. Für die Elisabethaner ist das Universum eine Kugel im All und die Erde dessen Zentrum. Alles ist einer **„great chain of being"**[10], einer gottgegebenen Weltordnung oder Hierarchie, unterworfen, die für alle Dinge und Wesen gilt. An oberster Stelle steht Gott, nach ihm kommen Engel-Wesen. Anschließend kommt der denkende Mensch: an oberster Stelle der König/die Königin von Gottes Gnaden. Daran schließen die Tiere (weil sie fühlen können) und die Pflanzen (weil sie leben) an. An unterster Stelle stehen

---

7   Vgl. auch Ausspruch Iagos: „Till I am even with him, wife, for wife:" (II, 1, 296)
8   Zum Beispiel 1587 die von Maria Stuart, Elisabeths Halbschwester (Shakespeare ist 23 Jahre alt).
9   Die traditionellen Frauenrollen lassen sich in *Othello* gut erkennen und untersuchen.
10 Wells , S. 19, auch „frame of order" oder „hierarchy of order", S. 17, genannt.

schließlich Dinge wie Mineralien oder Steine (sie existieren lediglich).[11]

Jede dieser Gruppen kann wiederum unterteilt werden: Gebildete Menschen sind zum Beispiel höher angesiedelt als ungebildete, gelernte Handwerker wiederum Hilfsarbeitern oder Bettlern überlegen usw. Gott teilt nach seiner Gnade (lat. gratia) in diesem Weltbild dem Menschen seine soziale Stellung zu, verleiht Macht und das Recht zu regieren. Nur durch Fleiß und Studium kann man in höhere Sphären gelangen, nicht aber unrechtmäßig. Wer sich beispielsweise durch Mord eines höheren Platzes in der Gesellschaft bemächtigt,[12] stört die **heilige und natürliche Ordnung** und wird dafür von der göttlichen Vorsehung bestraft, damit die göttliche Ordnung wiederhergestellt ist. Frieden, Ordnung und Gerechtigkeit sind also von Natur aus garantiert; sie regenerieren sich gegen jede Störung von selbst, indem das Universum aufbegehrt (an Sternen-Konstellationen ersichtlich): Naturgewalten treten auf (z. B. der Sturm in *Othello*, Act II) oder Schicksalsschläge brechen herein. Gott hat dem Menschen die Vernunft gegeben, damit er für den Erhalt der göttlichen Ordnung sorgt. In *Othello* stellt Iagos Aufbegehren gegen den ihm zugewiesenen Platz im System und die von ihm zu diesem Vorhaben eingesetzten Mittel einen Verstoß gegen die göttliche Ordnung dar. Erst am Ende des Dramas, wenn Iago verhaftet wird und die Wahrheit ans Licht kommt, ist die natürliche Ordnung wiederhergestellt (mit dem ehrenhaften Cassio als Befehlshaber und neuem Hüter der Ordnung).

Die natürliche Ordnung der Dinge

---

11 Vgl. Charles de Bouelles [Bovillus]: *Liber de intellectu*. Parisiis: Stephanus & Parvus 1510. Auch unter: https://www.uzh.ch/ds/wiki/ssl-dir/Karidol/index.php?n=Main.Bonmots (Stand Sept. 14).
12 Oder durch Intrigen wie Iago in *Othello*...

| | 2 WILLIAM SHAKESPEARE: LEBEN UND WERK | |

2.2 Zeitgeschichtlicher Hintergrund

Theater zur Shakespeare-Zeit

Blütezeit des
Theaters

Das Elisabethanische Zeitalter ist **die Theater-Blütezeit** Englands.[13] Zuschauer aus allen gesellschaftlichen Schichten drängen in die Theater. Somit sind Theater-Betriebe profitable Unternehmen und Schauspielerei erstmalig ein richtiger Beruf. Theater werden nur für Theaterzwecke errichtet und Theaterbetreiber wie Shakespeare und seine Kollegen können reich werden.

Die Bühne

Theatervorführungen zur Zeit Shakespeares sind völlig anders als heute im Zeitalter der Technik. Sie finden damals am helllichten Tag statt, da die Bühne nicht künstlich beleuchtet werden kann. Man kann die Bühne auch nicht aufwändig umgestalten oder künstliche Effekte erzeugen. Und natürlich gibt es keine Wind-, Licht- oder Sound-Maschinen. Folglich müssen sich die Zuschauer vor allem **über die Sprache**, aber auch durch Kostüme, kleine Requisiten wie Fackeln oder Gestik und Mimik vorstellen, dass es auf der Bühne beispielsweise dunkel ist oder die Szene im prunkvoll geschmückten Festsaal einer Villa spielt.

Männer spielen
Frauen

Ein weiterer wesentlicher Unterschied zur heutigen Zeit ist, dass sämtliche Rollen im Theaterstück damals von Jungen oder Männern gespielt werden und auch die **Zuschauer zum größten Teil Männer** sind.[14] Es ist Frauen verboten bzw. es „schickt sich nicht", Theater zu spielen, d. h. es gilt als unmoralisch oder gar gottlos. Desdemona und Emilia sind bei der Uraufführung also ziemlich sicher von Knaben dargestellt worden.[15]

Shakespeares
„Globe"

Obwohl sie so beliebt sind, gelten Theateraufführungen als moralisch bedenklich und werden vor die Stadtgrenzen, in die ärmeren

---

13 Zwischen 1576 und 1614 gibt es ca. 16 Theater in London. Theaterbesuche zählen zu den beliebtesten Formen der Unterhaltung (neben Bärenhatz, Hahnenkämpfen und Prostitution).
14 In Überlieferungen äußern Nicht-Londoner ihre Verwunderung darüber, dass auch Frauen unter den Zuschauern sind.
15 Erst 1660 steht mit Margaret Hughes (oder Anne Marshall) erstmals eine Frau als Desdemona auf der Bühne.

2.2 Zeitgeschichtlicher Hintergrund

So könnte das Globe-Theater der Shakespeare-Zeit ausgesehen haben.
© akg-images/ Erich Lessing

Stadtviertel verbannt. In London zum Beispiel nach Southwark, wo Shakespeares „Globe"-Theater[16] steht.

Das Original-„Globe" war wohl eine Art hölzernes „O"[17], die Bühne eine Plattform aus einem halben Sechseck, also mit drei Seiten zum Zuschauer. Die Bühne hatte Säulen und eine Art gestützten Überbau. Es passten ca. 3 000 Zuschauer ins „Globe". Um

---

16 Shakespeare war Miteigentümer des „Globe". Das Gebäude wurde in den 1990er-Jahren in London rekonstruiert und zeigt heute wieder Aufführungen von Shakespeare-Stücken. Vgl. Internetquelle im Literaturverzeichnis.
17 Im Prolog von Shakspeares *Henry V* wird es als „wooden o" beschrieben.

| 1 SCHNELLÜBERSICHT | 2 WILLIAM SHAKESPEARE: LEBEN UND WERK | 3 TEXTANALYSE UND -INTERPRETATION |

2.2 Zeitgeschichtlicher Hintergrund

die Plattform standen die so genannten „groundlings" (sie stehen auf dem Boden – „on the *ground*"), das waren die Zuschauer mit den billigsten Eintrittskarten.[18] Wohlhabendere Theaterbesucher besetzen eher die „galleries" (Ränge), wo der Eintritt ca. 2–3 Pennys kostete. Die teuersten Plätze waren die Logen auf der Bühne oder sogar der Bühnenrand.

Neben dem „Globe" stehen im London zur damaligen Zeit weitere Theater anderer Betreiber, u. a. „The Rose" und „The Swan". Als ursprünglicher Gründer des englischen Theater gilt Richard Burbage, ein Schauspiel-Kollege Shakespeares. Burbage soll darüber hinaus der erste Othello-Darsteller auf der Bühne gewesen sein.

---

18 Bei Ausgrabungen hat man Nussschalen auf dem Boden um die Bühne gefunden: Zumindest die „groundlings" im Theater haben vermutlich Nüsse verspeist. Manche Zuschauer sollen auch, nicht nur verbal, ins Bühnengeschehen eingegriffen haben.

2.3 Angaben und Erläuterungen zu wesentlichen Werken

2.3 Angaben und Erläuterungen zu wesentlichen Werken

ZUSAMMEN-FASSUNG

Shakespeare hat viele **Weltklassiker** geschrieben, darunter vor allem **Dramen**[19], aber auch die berühmten **Sonette** und zumindest zwei Erzählungen. Es ist erstaunlich, dass es so gut wie kein Stück von Shakespeare gibt, das nicht allgemein als exzellent angesehen wird. Nachfolgend sind die bekanntesten Werke kurz in einer Tabelle aufgeführt und einige knapp zusammengefasst.

Othello gehört zu Shakespeares späteren Theaterstücken. Zusammen mit *Hamlet, King Lear* und *Romeo and Juliet* wird es zu seinen bekanntesten Stücken gerechnet. Die genaue **Datierung seiner Werke ist jedoch weitgehend unmöglich**. Shakespeares wahrscheinlich bekannteste Komödie ist *A Midsummer Night's Dream* (dt. *Ein Mittsommernachtstraum*). *Richard III* und *Henry V* sind wohl seine bekanntesten Geschichtsdramen.[20] Wie viele Stücke von ihm nicht überliefert sind, weiß man nicht genau.[21]

Allen Dramen gemein ist der Aufbau mit **exposition, rising action** etc. (vgl. Kapitel 3.3 Aufbau) und der am Ende wiederhergestellten gesellschaftlichen Ordnung (vgl. Kapitel 2.2). Viele Stücke enthalten *„supernatural elements"* (aufgeklärtes vs. mittelalterliches Denken).

Shakespeares Dramen

Ähnlicher Aufbau

19 Mindestens 36 : Das ist die Anzahl in der ersten Gesamtausgabe seiner Werke.
20 Auch Historienspiele (engl. *„history plays"* oder *„histories"*) genannt.
21 Sicher ist, dass es zumindest zwei verloren gegangene Stücke gegeben hat: *Cardenio* und *Love's Labours Won*.

1 SCHNELLÜBERSICHT	2 WILLIAM SHAKESPEARE: LEBEN UND WERK	3 TEXTANALYSE UND -INTERPRETATION

2.3   Angaben und Erläuterungen zu wesentlichen Werken

Charaktere stehen im Mittelpunkt

Bei seinen **Dramen** geht es Shakespeare weniger um akkurate historische Fakten als um die Charaktere bzw. **um die Psyche** und evtl. um politische Aspekte oder Fragestellungen.[22] Da es in den Stücken oft um englische Geschichte geht, berücksichtigt Shakespeare sicher auch **die damals aktuelle politische Lage** oder lässt sich von ihr beeinflussen. Als „King's Man"[23] musste er vermutlich „politically correct"[24] sein. Die **Datierung der Werke** ist, wie bereits erwähnt, ausgesprochen schwierig. Die hier genannten Daten basieren auf wissenschaftlichen **Vermutungen über den Aufführungsbeginn** der Stücke, **nicht** auf den Daten der Veröffentlichung/Publikation, die z. T. stark davon abweichen.

ENTSTEHUNG	ENGL. TITEL	DT. TITEL
ca. 1590–1596	*A Midsummer Night's Dream*	*Ein Sommernachtstraum*
ca. 1591–1595	*Romeo and Juliet*	*Romeo und Julia*
ca. 1592–1599 (erst 1609 offiziell veröffentlicht)	*Sonnets*	*Sonette*
ca. 1592–93	*Richard III*	*Richard III.*
1593	*Venus and Adonis* (narratives Gedicht, für den Druck bestimmt)	*Venus und Adonis*
1594	*The Rape of Lucrece*	*Lucretia*

---

22 Zum Beispiel, dass man einem moralisch korrekten Herrscher freiwillig und gern folgt.
23 Shakespeare war Mitglied der Schauspieltruppe „The King's Men", der Hofschauspieltruppe (vgl. S. 10).
24 Er darf den Mächtigen nicht zu nahe treten, dennoch sind Stücke wie Richard II politisch gewagt. Wie „frei" ist Shakespeare? Im Zusammenhang mit einem Komplott gegen die Königin ist die Schauspieltruppe einmal verhört worden.

4 REZEPTIONS-GESCHICHTE	5 MATERIALIEN	6 PRÜFUNGS-AUFGABEN

2.3 Angaben und Erläuterungen zu wesentlichen Werken

ENTSTEHUNG	ENGL. TITEL	DT. TITEL
ca. 1594–1596	*The Merchant of Venice*	*Der Kaufmann von Venedig*
ca. 1597–1599	*As you Like It* *Henry V* *Much Ado About Nothing* *Julius Caesar*	*Wie es Euch gefällt* *König Heinrich V.* *Viel Lärm um nichts* *Julius Caesar*
ca. 1587–1601	*The Merry Wives of Windsor*	*Die lustigen Weiber von Windsor*
ca. 1600–1601	*Hamlet*	*Hamlet*
ca. 1601–1604	*Othello*	*Othello*
ca. 1605–1606	*Macbeth* *King Lear*	*Macbeth* *König Lear*
ca. 1609–1613	*The Tempest*	*Der Sturm*

Macbeth

In der kürzesten und blutigsten Tragödie Shakespeares geht es um Macht und Machterhaltung bzw. die innere Verfassung eines Despoten[25]. Dabei treten in Form der Hexen auch „supernatural elements" (*dt.* übernatürliche Mächte) auf. Macbeth, ein mutiger schottischer General, wird nach einer erfolgreichen Schlacht befördert, wie es ihm drei Hexen prophezeit haben. Sie sagen außerdem voraus, dass er König von Schottland werden wird. Sein Ehrgeiz und seine Frau treiben ihn dazu, selbst für die Erfüllung der Prophezeiung zu sorgen, indem er den regierenden König ermordet und selbst König wird. Macbeth wird ein Tyrann und vereinsamt. Am Schluss wiegt ihn eine erneute Prophezeiung der Hexen in Sicherheit, obwohl sie letztlich seinen Tod (Wiederherstellung der natürlichen Ordnung wie in *Othello*) besiegelt.

Macht und Machterhaltung

---

25 Es lassen sich Parallelen zu machtbesessenen Menschen ziehen, z. B. Diktatoren, die dieses Stück so aktuell/zeitlos machen.

OTHELLO

| 1 SCHNELLÜBERSICHT | 2 WILLIAM SHAKESPEARE: LEBEN UND WERK | 3 TEXTANALYSE UND -INTERPRETATION |

2.3 Angaben und Erläuterungen zu wesentlichen Werken

Hamlet

Rache, Zaudern und Zögern

Shakespeares längste Tragödie wird oft mit Zaudern und Zögern in Verbindung gebracht, gelegentlich auch mit ödipalen Gedanken (Vatermord, Mutterliebe), Verrat, Inzest, Rache oder Verderbtheit. Der junge dänische Prinz Hamlet erfährt vom Geist seines toten Vaters, dass dieser von seinem Bruder, Hamlets Onkel, vergiftet wurde. Der Onkel ist inzwischen König Dänemarks und mit Hamlets Mutter vermählt. Hamlet verspricht, seinen Vater zu rächen, den Onkel zu töten, aber die Mutter zu schonen. Er verschiebt den Rache-Mord aber immer wieder aus verschiedenen Gründen, die er ausführlich – nicht umsonst ist es die längste Tragödie – abwägt und darlegt: Nach einigen Zwischenfällen fällt Hamlet einer List seines Onkels zum Opfer. Sterbend erfährt Hamlet vom Komplott, es gelingt ihm aber noch, den Onkel zu töten.

Romeo and Juliet

Liebe in zwei verfeindeten Familien

Diese Tragödie gehört zu Shakespeares früheren Theaterstücken. *Romeo and Juliet* beschreibt die tragische Liebesbeziehung von Romeo Montague und Juliet Capulet, die verfeindeten Familien angehören. Romeo und Juliet heiraten heimlich, was besonders dann zu extremen Spannungen führt, als Juliet einen anderen Mann (Paris) heiraten soll. Um der Eheschließung mit dem von den Eltern bestimmten Mann zu entgehen, nimmt Juliet ein Mittel, das sie für bestimmte Zeit tot erscheinen lässt. Die Nachricht dieses Plans erreicht Romeo tragischerweise nicht. Er denkt, Juliet sei tot, und vergiftet sich an ihrem Grab. Juliet erwacht, sieht den Leichnam des Geliebten und nimmt sich ebenfalls das Leben. Am Grabe ihrer Kinder bereuen die verfeindeten Familien ihren Hass und versöhnen sich.

| 4 REZEPTIONS-GESCHICHTE | 5 MATERIALIEN | 6 PRÜFUNGS-AUFGABEN |

2.3 Angaben und Erläuterungen zu wesentlichen Werken

King Lear

Eine der letzten Tragödien Shakespeares beschäftigt sich mit dem Alter, dem Altersstarrsinn, der Natur menschlichen Leidens, Familienbanden und Irrsinn im Zusammenhang mit einer gescheiterten Machtübergabe. Der alte König Britanniens Lear hat drei Töchter, an die er sein Königreich noch zu Lebzeiten abtreten möchte. Im Jähzorn enterbt Lear seine jüngste Tochter Cordelia und verbannt sie, während die älteren Töchter je eine Hälfte des Königreiches bekommen. Nach und nach wird Lear seine Fehlentscheidung bewusst. Am Ende kann er sich noch mit Cordelia versöhnen, bevor die englischen Truppen Frankreich besiegen. Am Schluss herrscht Chaos und Leere: Cordelia wird als Verräterin hingerichtet. Als Lear die tote Cordelia auf dem Arm trägt, stirbt er vor Kummer.

Aufteilung eines Königreichs

A Midsummer Night's Dream

Diese Komödie handelt von Liebe[26] und Magie und spielt in Athen. Sie unterscheidet sich dennoch, wie die meisten Komödien Shakespeares, von der antiken Tradition.[27] Shakespeares Hauptpersonen sind nicht nur Menschen aus einfachen Verhältnissen, sondern auch Adlige. Diese sind nicht unbedingt lächerlich, sondern oft nur in persönliche Verwechslungen oder Missverständnisse verwickelt. Davon gibt es in ihnen auch Passagen, die beim Zuschauer „Schmerz" verursachen, so beispielsweise die böse Intrige von Don John in *Much Ado About Nothing*.

Komödie: anders als in der Antike

---

26 Bei Shakespeare geht es in den Komödien eigentlich immer um die Liebe.
27 „Die Komödie ist (...) Nachahmung von schlechten Menschen." (Aristoteles). Mit „schlecht" ist vor allem „lächerlich" gemeint. Es ging um einfache Leute und alberne Geschichten, die „keinen Schmerz und kein Verderben" (ebenda) verursachen.

OTHELLO

| | 1 SCHNELLÜBERSICHT | 2 WILLIAM SHAKESPEARE: LEBEN UND WERK | 3 TEXTANALYSE UND -INTERPRETATION |

2.3 Angaben und Erläuterungen zu wesentlichen Werken

Vier Liebende im Wald

In *A Midsummer Night's Dream soll die* junge Hermia auf Veranlassung ihres Vaters Demetrius heiraten, liebt aber Lysander. Lysander erwidert ihre Liebe. Hermias Freundin Helena liebt Demetrius, der die Liebe aber nicht erwidert, sondern ebenfalls Hermia liebt. Der Fürst Athens setzt Hermia eine viertägige Frist, dem Drängen ihres Vaters nachzugeben und Demetrius zu heiraten. Daraufhin entschließen sich die Liebenden Hermia und Lysander zur Flucht. Über dieses Vorhaben informiert folgt Demetrius seiner angebeteten Hermia und Helena folgt ihrem angebeteten Demetrius. Alle vier jungen Leute treffen sich im Wald, der zufällig auch der Treffpunkt der Feenwelt ist. Feenkönig Oberon schickt den Waldgeist Puck aus, eine Zauberblume zu beschaffen, deren Saft bewirkt, dass Liebe zu der Person entflammt, die nach dem Öffnen der Augen als Erste erblickt wird. Nach vielen Verwirrungen und „falschen" Liebespaaren finden sich am Ende die ursprünglichen Liebespaare wieder: Helena mit Demetrius und Hermia mit Lysander.

Richard III

Machiavellistischer Bösewicht

Dieses Historiendrama ist Shakespeares zweitlängstes Stück nach *Hamlet*. Richard wird oft als machiavellistischer Schurke bezeichnet, weil er blutrünstig, extrem ehrgeizig, kühn und ein Verräter ist. Er ist überzeugt, dass er der Thronerbe des sterbenden Königs Eduard (engl. Edward) IV. sein sollte, und räumt alles aus dem Weg, was ihn daran hindern könnte. Vor seiner letzten Schlacht gegen seine Widersacher wird Richard von den Geistern all derer heimgesucht, die er auf dem Gewissen hat. Sie sagen seine Niederlage im Kampf voraus. Am nächsten Tag verliert Richard in der Schlacht zuerst sein Pferd. Dann wird er vom zukünftigen König Heinrich VII., dem ersten Tudor-Regenten, einem Vorfahren von Heinrich VIII., Elisabeth I. und Jakob I., getötet.

4 REZEPTIONS-GESCHICHTE	5 MATERIALIEN	6 PRÜFUNGS-AUFGABEN

2.3 Angaben und Erläuterungen zu wesentlichen Werken

The Sonnets[28]

In Shakespeares Sonetten geht es um eine breite Thematik: Liebe, Eifersucht, Schönheit, das Altern, die Vergänglich-, Sterblich-
und Unsterblichkeit und die Dichtkunst allgemein. Wie in *Romeo
and Juliet* scheint sich Shakespeare auch in seinen Sonetten kritisch
mit der Dichtkunst seiner Zeit, vor allem der petrarkistischen Tradition, auseinanderzusetzen. Die meisten Sonette[29] Shakespeares
stellen die Zuneigung des lyrischen Ichs zu einem schönen jungen
Mann von hohem Rang dar. Viel wird darüber gerätselt, wem diese
Sonette gewidmet sein könnten und ob sie autobiografische Züge
tragen. Sie sind einem „Mr W.H." gewidmet (das hat allerdings
nicht Shakespeare geschrieben, sondern der Verleger), „the onlie
begetter of these insuing sonnets"[30] – welcher der spätere Graf von
Pembroke, William, Lord Herbert, oder der Graf von Southhamp-
ton, Henry Wriothesley, sein könnte. Ob einige der Sonette auch
von diesem jungen Herrn handeln, ist ebenfalls ungewiss.

*Adressat ist
unbekannt*

---

28 Ja, im Englischen schreibt man das so.
29 Sie sind fast alle in Shakespeares typischer Sonett-Form verfasst: 3 quatrains, 1 couplet.
30 Drabble, Margaret: *The Concise Oxford Companion to English Literature*, S. 528.

| 1 SCHNELLÜBERSICHT | 2 WILLIAM SHAKESPEARE: LEBEN UND WERK | 3 TEXTANALYSE UND -INTERPRETATION |

3. TEXTANALYSE UND -INTERPRETATION

3.1 Entstehung und Quellen

ZUSAMMEN-
FASSUNG

→ Shakespeares Tragödie *Othello, the Moor of Venice* basiert auf einer Erzählung von G. B. G. Cinthio, erschienen in *Hecatomithi* (1565), einem Band mit Erzählungen. Die Vorlage hat William Shakespeare aber sehr stark verändert.

→ Die Uraufführung war wahrscheinlich 1604 im Londoner Banqueting House of Whitehall, auch „Palace of White-hall" genannt, vor König Jakob (engl. James) I. Die erste gedruckte Version des Stückes (Quarto 1) erschien 1622.

Theatererfahrung
Diverse Theorien über das Leben Shakespeares bis hin zur Vermutung, Shakespeare habe seine genialen Stücke gar nicht selbst geschrieben, haben auch in der heutigen Zeit immer mal wieder Konjunktur.[31] Interessanterweise gibt es diese **Vermutungen und Verschwörungstheorien** aber erst bei den Generationen, die Shakespeare selbst nicht mehr erlebt haben. Sicher ist jedenfalls, dass Shakespeare ein Mann des Theaters war und als Dramatiker höchstwahrscheinlich praxisorientiert gearbeitet hat.

Über die konkrete Entstehung von *Othello* weiß man ähnlich wenig wie über Shakespeares Leben. Mit wem – außer seiner Theatergruppe – verkehrte er? Was las oder sah er genau? Wie waren seine Lebensgewohnheiten?

---

31 Vgl. Roland Emmerichs Film *Anonymus* (2011), Drehbuch John Orloff.

4 REZEPTIONS-GESCHICHTE	5 MATERIALIEN	6 PRÜFUNGS-AUFGABEN

3.1 Entstehung und Quellen

Vermutlich hat Shakespeare *Othello* zwischen 1603 und 1604 geschrieben, als Jakob (James) I. Elisabeth I. auf den Thron folgt und Shakespeares Schauspieltruppe bereits „The King's Men" heißt und regelmäßig am königlichen Hof spielt. Die **Uraufführung** von *Othello* war vermutlich im **November 1604** im Londoner Banqueting House of Whitehall, auch „Palace of Whitehall" genannt, vor König Jakob I.[32]

Entstehung
1603/1604

Cinthios Geschichtensammlung *Hecatomithi*

Literarische Vorlage für die Tragödie ist mit ziemlicher Sicherheit vor allem Giovanni Battista Giraldo Cinthios **Geschichtensammlung** *Hecatomithi*[33]. Es gibt eine französische Übersetzung von Gabriel Chappuys (1583). Ob es auch eine englische gab, ist nicht bekannt.[34] In Cinthios Sammlung – ähnlich Boccaccios *Decamerone* – erzählen sich fünf Frauen und fünf Männer während einer Schifffahrt Geschichten, um sich die Zeit zu vertreiben.

Rahmenhandlung
wie bei Boccaccio

Es mag auch andere Theaterstücke zu der Zeit gegeben haben, die nicht überliefert sind, die die gleiche Vorlage verwendeten und an denen sich Shakespeare orientiert haben könnte. Dieses „Abschreiben" von anderen wirkt aus heutiger Sicht zunächst befremdlich. Wir sprechen heute schnell von einem „Plagiat" und versuchen, das Urheberrecht durch Copyright, was es damals so noch nicht gab, zu schützen. Die „Missachtung des Urheberrechts" scheint zur damaligen Zeit aber durchaus üblich gewesen zu sein. Wie man bei Shakespeare sieht, kann durch **Übernahmen und Anlehnungen** durchaus Neues und Hochwertiges entstehen.

Intertextualität?

---

32 Nach einem umstrittenen Eintrag von Sir Edmund Tilney soll die Aufführung am 1. November stattgefunden haben.
33 Shakespeare hat diese Vorlage auch für *Measure for Measure* verwendet.
34 Shakespeares Text hat jedenfalls weniger Übereinstimmungen mit der Textvorlage als andere seiner Stücke, und es lassen sich darin zu beiden Vorlagen, dem Original und der Übersetzung, Bezüge finden.

| 1 SCHNELLÜBERSICHT | 2 WILLIAM SHAKESPEARE: LEBEN UND WERK | 3 TEXTANALYSE UND -INTERPRETATION |

3.1 Entstehung und Quellen

Shakespeares Änderungen der Vorlage von Cinthio machen aus einer eher durchschnittlichen Erzählung ein lebendiges, emotional packendes, über 400 Jahre hinaus beliebtes Theaterstück. Shakespeares Handlung ist am Anfang und am Ende vollkommen anders als in der Vorlage. In der Mitte gibt es einige deutliche Parallelen. Die folgende Gegenüberstellung soll deutlich machen, wie sehr Shakespeare von Cinthio abweicht.

ÜBEREINSTIMMUNGEN MIT CINTHIO	ABWEICHUNG(EN)
	Theaterstück statt Erzählung
Zeit	– Insgesamt hat Shakespeare die Zeitspanne gekürzt (dramatische Verdichtung), Cinthios Erzählung dauert dagegen mehrere Wochen. Die klassische Einheit von Zeit, Ort und Handlung ist bei *Othello* eher eingehalten als bei Shakespeares anderen großen Tragödien.
Zwei **Schauplätze**: Venedig und das Exil (Cinthio) bzw. Zypern (Shakespeare).	– Bei Shakespeare zwei gegensätzliche Schauplätze: Venedig und Zypern, die Othellos innere Zerrissenheit widerspiegeln sollen. – Shakespeare ergänzt einen Krieg (Türken vs. Venezianern) und einen Sturm auf See, der die türkische Flotte vernichtet, sodass Othello als Sieger in Zypern ankommt.
Liebespaar: Di(!)sdemona ist mit einem Mohren („un Moro") verheiratet.	– Namenlose Charaktere (Ausnahme: Disdemona) bei Cinthio und werden teilweise nur durch ihren Beruf bezeichnet (capitano moro: Othello; capo di squadra: Cassio; alfiero: Iago). Othello, Iago, Cassio, Emilia etc. sind Shakespeares Namen-Erfindungen und lassen Wissenschaftler über die Wahl rätseln.[35]

---

35 Was bedeuten die verwendeten Namen? Eine Vermutung: „Iago" hat keinen italienischen Ursprung, sondern ist ein spanischer Namen, abgeleitet von „Santiago"(ein Mauren-Töter).

| 4 REZEPTIONS-GESCHICHTE | 5 MATERIALIEN | 6 PRÜFUNGS-AUFGABEN |

3.1 Entstehung und Quellen

ÜBEREINSTIMMUNGEN MIT CINTHIO	ABWEICHUNG(EN)
	– Othello und Desdemona sind bei Shakespeare frisch verheiratet und hatten noch nicht einmal Zeit für die Hochzeitsnacht. Sie kennen sich noch nicht so gut wie bei Cinthio, wo sie schon länger glücklich und zufrieden zusammen leben. – Disdemonas Familie hat bei Cinthio zögerlich in die Heirat eingewilligt, Brabantio willigt nur gezwungenermaßen ein.
Figuren	– Roderigo (auch ein span. Name) und Brabantio gibt es in der Vorlage gar nicht, sie sind Shakespeares Erfindungen. Durch Roderigo kann der Dichter z. B. zeigen, wie Iago die anderen manipuliert, und durch Brabantios Ablehnung der Heirat entsteht eine neue Sichtweise und die Situation wird verschärft. Das Stück gewinnt durch beide Figuren an psychologischer Tiefe und Spannung. Auch die anderen Figuren sind, typisch für Shakespeare, lebensechter und komplexer als ihre Vorlagen bei Cinthio.
Der Fähnrich begehrt Disdemona und ist **eifersüchtig** auf deren Mann, den Mohren.	– Die Hauptmotive Iagos werden bei Shakespeare anders dargestellt (vgl. Kapitel 3.4): u. a. geht es nicht nur um sexuelle Eifersucht. Außerdem hat Iago nicht wie Cinthios Fähnrich Angst vor dem Mohren oder davor, Desdemona anzusprechen. Bei Cinthio geht es hauptsächlich um Liebe und Rache. Shakespeare ist differenzierter und vielschichtiger.
Die Strategie des Fähnrichs (den Mohren an die Untreue seiner Frau glauben zu lassen) ist ähnlich: Mit Hilfe von **Suggestivfragen und Anschuldigungen**. Der Fähnrich unterstellt	

OTHELLO

| 1 SCHNELLÜBERSICHT | 2 WILLIAM SHAKESPEARE: LEBEN UND WERK | 3 TEXTANALYSE UND -INTERPRETATION |

3.1 Entstehung und Quellen

ÜBEREINSTIMMUNGEN MIT CINTHIO	ABWEICHUNG(EN)
Disdemona dabei eine rassisch beding-te Abscheu vor dem Schwarzen. Der Mohr droht dem Fähnrich mit einem bösen Ende, falls dessen Anschuldi-gungen nicht stimmen sollten, und verlangt sichtbare Beweise.	
Mord: Disdemona wird getötet.	– Der Mohr und der Fähnrich planen bei Cinthio den Mord an Disdemona gemeinsam. Der Fähnrich führt ihn mit einem sandgefüllten Strumpf aus. Der Tod soll wie ein Unfall aussehen, deshalb lassen sie nach der Tat die Decke des Zimmers einstürzen.
Der Hauptmann wird seiner Position entho-ben. Disdemona setzt sich mit Nachdruck für ihn ein, was der Fähn-rich ausnutzt. Später bittet der Mohr den Fähnrich, den Haupt-mann zu töten. Der Hauptmann überlebt den Anschlag aber.	– Der Mohr hasst den Fähnrich wegen des Mordes an Disdemona und enthebt ihn seiner Aufgaben. Daraufhin rächt sich der Fähnrich am Mohren, indem er den Hauptmann anstachelt, den Mohren vor Gericht zu verklagen. Obwohl er seine Mit-schuld am Tod Disdemonas leugnet, gesteht der Mohr unter Folter, seine Frau getötet zu haben. Dafür wird er lebenslang aus Venedig verbannt und im Exil von Disdemonas Verwandten umge-bracht. – Der Fähnrich sucht sich bei Cinthio zunächst wei-tere Opfer, wird dann aber wegen eines anderen Verbrechens festgenommen und stirbt unter Folter.

3.1 Entstehung und Quellen

ÜBEREINSTIMMUNGEN MIT CINTHIO	ABWEICHUNG(EN)
Ein **Taschentuch**, ein Geschenk des Mohren an seine Frau, das in die Hände des Hauptmanns gerät, wird zum „Beweis" für die Untreue Disdemonas.	– Cinthios Fähnrich hat eine dreijährige Tochter, die das Taschentuch besorgt und es dem Hauptmann zukommen lässt, der es dann einer Prostituierten gibt. – Die Frau des Fähnrichs ist bei Cinthio in die Tat eingeweiht (Iago ist dagegen ein „Einzelkämpfer") und traut sich nicht, etwas zu verraten; bei Shakespeare begehrt Emilia gegen ihren Mann auf und bringt die Tat ans Licht.
Der Mohr leidet, weil seine Frau tot ist.	– Der edle Othello erweckt im Publikum Sympathie und später Mitleid. Cinthios Mohr nicht. Shakespeares Othello hört nie auf, Desdemona zu lieben und tötet sich selbst, als er von seinem Irrtum erfährt. – Othello ist als Schwarzer positiv dargestellt (ein schwarzer Held), was damals revolutionär war.[36]

Weitere mögliche Quellen

Als weitere literarische oder dramatische Quellen Shakespeares könnten folgende in Frage kommen:

→ Die **Figur des Teufels** in den Mysterienspielen (engl. „Mystery Plays") gibt es seit dem Altertum. (Ein modernes Mysterienspiel ist Hofmannsthals *Jedermann*.) Auch die Bekämpfung des „Lasters" war ein beliebtes Thema quer durch die Jahrhunderte und somit auch Shakespeare vertraut.

Mystery Plays und Bücher der damaligen Zeit

→ **Christopher Marlowe's** *Jew of Malta* (1592 uraufgeführt): Im Prolog tritt Machiavelli als Figur auf und verweist auf den rücksichtslos Macht benutzenden Protagonisten im Stück, einen

---

36 Seit dem Mittelalter waren im Theater im Grunde alle schwarzen Rollen böse Gestalten wie Shakespeares Aaron in *Titus Andronicus*: lüstern, sündig, teuflisch, tödlich.

3.1 Entstehung und Quellen

machiavellistischen Schurken, der sich wie Iago die Personen zunutze macht.[37]

→ Kardinal Gasparo Contarinis in Latein erschienenes *De magistratibus et republica Venetorum* (ins Englische übersetzt von Sir Lewes Lewkenor: *The Commonwealth and Government of Venice*, 1599). Hier könnte Shakespeare **Informationen über die politischen Verhältnisse im Venedig der damaligen Zeit** eingeholt haben. Der Staat Venedig ist zum Beispiel auf Othello angewiesen. Es gibt um 1600 eine freistaatliche Verfassung. Religiöse Toleranz wird gelebt und Handel betrieben. Ständig muss sich der Staat gegen türkische Invasionen verteidigen. Interessant ist auch, dass Lewes 1600 den marokkanischen Botschafter **Abd el-Ouahed ben Messaoud** durch London eskortierte, dem man nachsagt, mögliches Vorbild für die Figur Othellos gewesen zu sein.

→ Gaius Plinius Secundus Maior[38]: *Naturalis Historiae*[39] (ca. 77–79), übersetzt von Philemon Holland *The Historie of the World* (1601).[40]

→ Ovid: *Metamorphosen* (499–502). Ovids **mythologisches Buch** beeinflusste die mittelalterliche Literatur nachweislich und lag ab 1567 komplett übersetzt in englischer Sprache vor. Shakespeare kannte die Metamorphosen, was u. a. Werke wie *A Midsummer Night's Dream* oder *Venus and Adonis* belegen.

→ Richard Knolles: *General Historie of the Turkes* (1603). Vor allem die Auseinandersetzung Venedigs mit den Ottomanen

---

37 Der „Machiavellian villain" offenbart sich und seine Pläne dem Publikum. Vgl. Shakespeares *Richard III* und Edmund in *King Lear*.
38 Plinius der Ältere oder englisch „Pliny".
39 Das waren 37 (!) Bücher Naturgeschichte.
40 Vgl. Kenneth Muir: *The Sources of Shakespeare's Plays*.

3.1   Entstehung und Quellen

soll vermutlich durch diese Lektüre bereichert worden sein
(vgl. *Othello*, Act I.).

→ Geoffrey Fentons Übersetzung von Matteo Bandellos Novelle:
Certaine tragicall discourses writen oute of Frenche and Latin
(1567). Eine unschuldige Frau wird in dem Stück von ihrem
Mann aus Eifersucht getötet. Die **Novellen Bandellos** waren
im Elisabethanischen Zeitalter äußerst beliebt. Auch für *Romeo
and Juliet*, *Twelfth Night* und *Much Ado About Nothing* scheint
Shakespeare auf sie zurückgegriffen zu haben.

→ *Othello* weist einige „Echos" zu der ersten Quarto-Ausgabe von
Sheakespeares *Hamlet* (1603) auf. Auch hier könnte das eine
Werk dem anderen **eine literarische Vorlage** gewesen sein.

Die **erste gedruckte Ausgabe** („first quarto" − Q1, gedruckt von
Nicholas Okes für Thomas Walkley, der 1621 in das „Stationer's
Register" eingetragen wird) von *Othello* erscheint schon 1622. Im
Vergleich zu anderen Stücken Shakespeares sind die Unterschiede
zwischen den gedruckten Ausgaben nicht so groß. Q1 stützt sich
möglicherweise auf eine private Abschrift von Shakespeares „foul
papers"[41], denn sie enthält mehr Bühnenanweisungen als die anderen Ausgaben.

> 1622: Erste
> Druckversion
> von *Othello* (Q1)

1623, ein Jahr später und sieben Jahre nach Shakespeares Tod,
erscheint die erste Gesamtausgabe „first folio" (F) von Shakespeare:
Zwei ehemalige Schauspiel-Kollegen, **Henry Condell und John He-
minge**[42], bringen diese mit einer Auflage von rund 1 000 Stück
heraus − nach den offiziellen „prompt book" gedruckt. Die Folio-
Ausgabe von *Othello* ist 160 Zeilen länger als Q1, enthält weniger
Flüche[43], erweitert aber die Rolle Emilias am Ende des Stückes und

> 1623: first folio (F)

---

41   „foul papers" werden die Aufzeichnungen des Autors genannt.
42   Man findet auch die Schreibweise Condelle und Heminges.
43   Vielleicht um der Theater-Zensur − Gesetz von 1606 − zuvorzukommen.

| 1 SCHNELLÜBERSICHT | 2 WILLIAM SHAKESPEARE: LEBEN UND WERK | 3 TEXTANALYSE UND -INTERPRETATION |

3.1 Entstehung und Quellen

enthält den „Willow Song". Shakespeare könnte den Q1-Text nach den ersten Aufführungen überarbeitet haben.

1630 erscheint Q2, 1632 F2

1630, weitere sieben Jahre später, erscheint eine zweite Quarto-Ausgabe (Q2), von Augustine Matthews gedruckt, 1632 eine weitere Folio-Auflage (F2). Sie ist Ausdruck der anhaltenden Popularität des Stückes. Die meisten modernen *Othello*-Ausgaben legen F zugrunde.

3.2 Inhaltsangabe

ZUSAMMEN-
FASSUNG

In *Othello* geht es um Ehrenmord, krankhafte Eifersucht und Rache, aber auch um Vertrauen, Betrug, Liebe, Gegensätze und Rassismus: Othello, der angesehene schwarze Feldherr in der Armee der Republik Venedig, und die schöne weißhäutige Desdemona, Tochter eines reichen venezianischen Kaufmanns, verlieben sich ineinander und heiraten heimlich. Wegen seines „Migrationshintergrundes" muss der Mohr beweisen, dass er Desdemonas Zuneigung „rechtmäßig" erworben hat. Vor diesem Hintergrund schmiedet der verbitterte, neidische und rachsüchtige ältere Soldat (Fähnrich) Iago – das personifizierte Böse – seinen tückischen Plan, Othello zu stürzen. Hinterhältig und ausgesprochen schlau legt es Iago darauf an, Othello an der Treue seiner Ehefrau zweifeln zu lassen, was ihm zunehmend gelingt. Schließlich hat die Intrige „Erfolg": Wild vor Eifersucht bringt Othello seine geliebte Frau um, die bis zuletzt ihre Unschuld beteuert. Als Iago der verbrecherischen Intrige überführt und festgenommen wird, erkennt Othello seinen tragischen Irrtum. Voller Schmerz über seine unschuldige, von ihm grundlos ermordete Frau tötet Othello sich selbst.

Act I

Iago offenbart seinen Hass auf Othello und Cassio. Bei der letzten Beförderung ist der junge, wenig kriegserfahrene Cassio statt seiner zum Leutnant ernannt worden. Iago benutzt Roderigo als Werkzeug, um sich an beiden zu rächen. Er sorgt dafür, dass Desdemonas Vater von der heimlichen Heirat seiner Tochter mit Othello erfährt, und be-

3.2 Inhaltsangabe

ginnt, eine Intrige zu spinnen. Vor Desdemonas Vater und dem Senat kann sich Othello mit Desdemonas Hilfe erfolgreich verteidigen. Er erhält den Staatsauftrag, als General auf Zypern gegen die Türken zu kämpfen.

Act I, Scene 1: Iagos Hass und Verrat der Heirat

Roderigo und Iago erscheinen nachts in Venedig auf der Straße und sofort beschwert sich Roderigo, dass er Iago Geld gegeben, aber nicht von der heimlichen Heirat Othellos[44] mit Desdemona erfahren hat.

Iago vertröstet Roderigo, indem er ihm versichert, dass er „den Mohren" außerordentlich hasse. Dieser sei stolz, arrogant und angeberisch. Als weiteren Grund seines Hasses nennt er die von Othello vorgenommene Beförderung Michael Cassios zum Leutnant an seiner Stelle. In Iagos Augen ist Cassio lediglich ein unerfahrener, weicher Theoretiker, ein Mathematiker. Iago werde Othello scheinbar dienen, um zu seinem eigenen Recht zu gelangen bzw. um seine eigenen Ziele zu erreichen. Er sei nicht der, der er zu sein scheine („**I am not what I am.**" Z. 65).

Iago veranlasst Roderigo, laut zu Brabantios Schlafzimmerfenster hinaufzurufen, um diesen, Desdemonas Vater, zu wecken. Brabantio ist nicht erfreut über die nächtliche Störung durch Roderigo, der schon vergeblich um die Hand von Desdemona angehalten hat (Z. 95 ff.). Zusammen teilen Roderigo und Iago – dieser mit sexuell anzüglichen und abwertenden Bildern[45] – Brabantio die Neuigkeit von Othellos und Desdemonas „Stelldichein" mit. Brabantio erzählt, dass er schon so etwas geträumt habe (Z. 143). Dann lässt er seine

Iagos Hass auf Othello

Brabantio wird aus dem Schlaf gerissen und vor Dieben gewarnt

---

44 Othellos Name wird in dieser Szene nicht genannt. Es ist nur die Rede von „him", Z. 10 u. a., „the Moor", Z. 39, „the thicklips", Z. 66.
45 Beipielsweise: Brabantios Tochter sei eine Beziehung mit einem „Barbary horse" (Z. 111 f.) eingegangen.

3.2 Inhaltsangabe

Verwandten im Haus wecken und sucht nach seiner Tochter. Iago macht sich „aus dem Staub", bevor ihn jemand erkennen kann (vgl. Z. 145 ff.), und gibt noch den Hinweis auf den Aufenthaltsort der Verliebten („Sagittar" Z. 159). Nachdem Brabantio festgestellt hat, dass Desdemona tatsächlich nicht da ist, gerät er außer sich vor Sorge und Wut. Er läuft im Nachtgewand mit Dienern zu Roderigo auf die Straße.

Act I, Scene 2: Othello wird der Hexerei bezichtigt

Iago „warnt" Othello scheinheilig auf der Straße vor dem „Schützen"[46] vor Brabantios Zorn. Der in Venedig mächtige Brabantio könne eine Ehescheidung erzwingen. Cassio kommt mit Offizieren, um Othello mitzuteilen, dass er dringend vom „duke" (dt. Fürst/Doge) im Venezianischen Senat gebraucht werde. Als Othello kurz weggeht, informiert Iago Cassio über Othellos Heirat.

Brabantio ist auf der Suche nach Othello

Brabantio tritt mit Roderigo und seinem Hausstand auf die Straße, bedroht Othello mit Schwertern, will ihn festnehmen lassen und wirft ihm vor, seine Tochter mit Hilfe von Magie und Drogen verführt zu haben. Othello bleibt ruhig und selbstbewusst. Er befiehlt, die Waffen niederzulegen. Er weiß um seine Verdienste für den Staat und vertraut seinem Ansehen. Als Brabantio die Angelegenheit vor den Duke bringen will, erfährt er, dass Othello dort ohnehin in einer Staatsangelegenheit erwartet wird.

Brabantio und Othello treffen aufeinander

Act I, Scene 3: Othellos Verteidigung und Iagos Plan

Im Senat diskutieren der Duke und seine Senatoren die jüngsten Entwicklungen im Zypernkrieg: Eine türkische Flotte nimmt Kurs auf Zypern[47] oder Rhodos.

Im Dogenpalast

---

46 Sagittar (dt. Schütze): Wahrscheinlich der Name eines Gasthauses.
47 Zypern ist zu dieser Zeit eine venezianische Kolonie.

3.2 Inhaltsangabe

Während der Kriegs-Taktik-Diskussion erscheinen Othello und Brabantio mit Gefolge. Brabantio erzählt, dass ihm seine Tochter geraubt worden sei: mit Zaubersprüchen und Drogen. Desdemona könne sich in der Wahl ihres Ehemannes nicht so geirrt haben, behauptet Brabantio (Z. 62 ff.). Erst auf Nachfrage erfährt der Senat, dass Othello der Beschuldigte ist. Othello gibt zu, Desdemona geheiratet zu haben – aber aus gegenseitiger Liebe. Er verlangt nach ihr, damit sie die Wahrheit bezeuge. Sollte etwas Falsches oder Schlechtes an seinen Aussagen sein, möge man ihn seines Amtes entheben und ihn töten.

Othellos Verteidigungsrede vor dem Senat

Es folgt Othellos Verteidigungsrede (vgl. Prüfungsaufgabe 2, S. 127), in der er die Entwicklung seiner Beziehung zu Desdemona skizziert: Der erste Kontakt sei vom Vater ausgegangen, der ihn mochte, oft einlud und ihn bat, seine Geschichte zu erzählen. Desdemona war von den Bruchstücken, die sie von der Geschichte aufschnappte, so fasziniert, dass sie Othello bat, ihm die ganze Geschichte zu erzählen. Er tat es und rief so in ihr Mitleid und Bewunderung hervor, die zu Liebe wurden, welche Othello erwiderte.

Desdemona bestätigt ihre Liebe zu Othello

Der Duke glaubt Othellos Darstellung, Desdemona tritt auf und bestätigt diese. Widerwillig gibt Brabantio der Ehe seinen Vater-Segen.

Man wendet sich wieder dem Kriegsgeschehen zu: Othello wird mit dem Oberbefehl gegen die Türken auf Zypern betraut. Desdemona bittet den Senat darum, mit ihrem Mann nach Zypern reisen zu dürfen[48], und der Wunsch wird ihr gewährt. Othello beauftragt Iago, mit dessen Frau Emilia und Desdemona nachzukommen. Othello muss noch in dieser Nacht aufbrechen.

---

48 Ihr Vater will sie nicht mehr bei sich aufnehmen, sie will nicht dorthin und Othello will sie nicht dort lassen.

3.2 Inhaltsangabe

Schließlich warnt Brabantio Othello, gut auf Desdemona aufzupassen. Da sie ihren Vater betrogen habe, könne sie auch Othello betrügen: „She has deceiv'd her father, may do thee." (Z. 293) Othello aber sagt, er würde sein Leben für ihre Treue bzw. ihr Vertrauen geben (foreshadowing – vgl. Stilmittel S. 97).

Othello zweifelt nicht an Desdemonas Treue

Als alle anderen gegangen sind, spricht Roderigo Iago an: Er habe vor, sich zu ertränken. Iago nimmt ihn und sein Anliegen nicht allzu ernst und behauptet, Othello werde seiner Frau sicher schnell überdrüssig. Roderigo möge Kapital anhäufen[49] und Othello mit Desdemona betrügen. Iago wiederholt, dass er Othello hasse und sich gemeinsam mit Roderigo an ihm rächen wolle. Roderigo denkt nach dem Gespräch nicht mehr ans Ertränken: Er will alle seine Ländereien verkaufen. Sie verabreden sich für den nächsten Morgen.

Iago spannt Roderigo ein

In einem Monolog erklärt Iago seinen Plan, wie er sich an Othello zu rächen gedenkt: Er will Othello einreden, dass Desdemona untreu sei, nämlich zu intim mit Cassio. Roderigo erscheint ihm nützlich. Da Othello viel von Iago halte und gutgläubig sei, hofft Iago auf ein leichtes Spiel.

Iagos Monolog

Act II

Im zweiten Akt beginnt Iagos Intrige gegen Othello auf Zypern. Iago macht Cassio betrunken und trägt durch Anstachelung Roderigos und geschickter Erklärungen zu Cassios unehrenhafter Entlassung bei.

Act II, Scene 1: Ankunft auf Zypern

Montano, der Gouverneur Zyperns, der von Othello abgelöst werden soll, spricht am Quai von Zypern über einen schrecklichen Sturm

---

49 „Put money in thy purse" – sechsmal, Z. 340 u. a.

3.2 Inhaltsangabe

auf See, als ein Bote die Nachricht von der geschlagenen türkischen Flotte überbringt.

Montano und die Herren freuen sich auf Othello, den sie als würdigen und mutigen zukünftigen Gouverneurs Zypern bezeichnen. Cassio trifft ein und teilt mit, dass er Othellos Schiff im Sturm aus den Augen verloren habe. Er hoffe auf dessen sichere Landung. Ferner preist Cassio das tugendhafte Wesen Desdemonas.

Ankunft von Iagos Schiff

Ein zweites Schiff landet auf der Insel (wird berichtet), und Desdemona, Iago, dessen Frau Emilia und Roderigo erscheinen. Cassio begrüßt sie freudig und voller Hochachtung. Er beruhigt Desdemona, die sich Sorgen um Othello macht. Iago wolle, so sagt er in einem „aside"[50], diese Zuneigung Cassios zu Desdemona für seinen teuflischen Plan nutzen.

Othellos Schiff trifft auch auf Zypern ein

Während sie auf Othello warten, unterhalten sich die gerade Angereisten. Iago behauptet, seine Frau Emilia würde zu viel reden. Diese widerspricht, woraufhin Iago Provozierendes über (Ehe-)Frauen sagt, zum Beispiel dass sie ihre Männer betrügen. Desdemona lässt sich fröhlich neckend, aber ehrenhaft auf dieses Spielchen ein, um sich von ihrer Sorge um ihren Mann abzulenken. Dann trifft Othellos Schiff ein und er geht mit Gefolge an Land. Othello begrüßt seine Frau herzlichst und berichtet den Umstehenden vom Sieg über die Türken.

Iagos Intrige: Roderigo soll Cassio reizen

Als die anderen gegangen und Iago und Roderigo wieder allein sind, erzählt Iago, dass Desdemona Othellos überdrüssig sei und sich in Cassio verliebt habe. Damit sie sich bald in Roderigo verliebe, solle dieser Cassio auf seiner Nachtwache so ärgern, dass der zu seiner Waffe greife. Dadurch könne Roderigo Cassios Chance, Desdemona zu gewinnen, vereiteln.

---

50 Aside (dt. Beiseite sprechen): Nur das Publikum bekommt die Gedanken des Sprechers mitgeteilt.

3.2 Inhaltsangabe

In einem Monolog betont Iago erneut, dass er Othello nicht aus-
stehen könne und sich an ihm rächen wolle. Er vermutet, dass seine Frau Emilia von Othello verführt worden sei (Z. 293 f.), und er
liebt angeblich Desdemona. Auch Cassio wird von Iago als Rivale
gefürchtet. Dieser könne ebenfalls eine Affäre mit Emilia gehabt
haben: „For I fear Cassio with my night-cap too" (Z. 302). Iago will
es Othello heimzahlen („wife, for wife", Z. 296) oder ihn wenigstens
schrecklich eifersüchtig machen.

Monolog Iagos

Act II, Scene 2: Anküdigung des großen Festes

Ein Bote verkündet, dass an diesem Abend ein großes Fest gefei-
ert werden solle. Anlass sei die gewonnene Schlacht und Othellos
Hochzeit.

Feier am Abend

Act II, Scene 3: Cassios unehrenhafte Entlassung

In einem Burgsaal beauftragt Othello Cassio, diese Nacht Wache
zu halten. Er und Desdemona wollen endlich ihre Hochzeitsnacht
miteinander verbringen.

Als Cassio allein ist, tritt Iago auf und nötigt ihn, mit ihm auf
Othellos Wohl zu trinken. Cassio offenbart, dass er nicht viel Alko-
hol vertrage. Iago möchte ihn betrunken und aggressiv machen, um
ihn in eine Schlägerei zu verwickeln. Er überredet ihn außerdem,
weitere junge Männer („gallants"), unter ihnen Montano, einzula-
den. Iago heizt die Stimmung an: Er trinkt und singt ein Trinklied,
das er in England gelernt hat.

Kurze Zeit später ist Cassio betrunken, was er allerdings bestreitet. Er tritt den Wachdienst an. Iago schickt Roderigo hinter
ihm her, um Cassio zu provozieren und ihn gegen Roderigo aufzu-
bringen. Anschließend diffamiert Iago Cassio hinter dessen Rücken
vor Montano: Cassio sei ein Trinker und sie sollten Othello vor ihm
warnen.

Iago macht Cassio betrunken

| | 1 SCHNELLÜBERSICHT | 2 WILLIAM SHAKESPEARE: LEBEN UND WERK | 3 TEXTANALYSE UND -INTERPRETATION |

3.2 Inhaltsangabe

Cassio kämpft mit Roderigo und dann mit Montano

Man hört einen Schrei. Wütend verfolgt Cassio den schimpfenden Roderigo und schlägt ihn mit dem Schwert. Montano versucht die beiden Streithähne zu trennen und gerät selbst mit Cassio in Streit. Als Montano und Cassio kämpfen, schickt Iago Roderigo los, um „mutiny" (dt. Meuterei) zu brüllen und alle auf der Burg in Aufregung zu versetzen. Die Alarmglocke erklingt.

Cassio wird von Othello entlassen

Othello tritt auf und stellt die Ordnung wiederher. Er verlangt nach einem Bericht, was und wie sich alles zugetragen habe. Cassio selbst kann nicht reden, weil er sich zu sehr schämt, und Montano ist verletzt. Der „ehrliche" Iago, der so tut, als wäre Cassio sein Freund, den er beschützen müsse, stellt den Sachverhalt sehr ausweichend und zu Ungunsten Cassios dar. Alle Antworten muss Othello ihm „aus der Nase ziehen", was Othello immer wütender macht. Nach Iagos Bericht wird Cassio unehrenhaft entlassen.

Als Cassio mit Iago allein ist, beklagt er seinen Ehrverlust („I ha' lost my reputation!" Z. 255/56) und schämt sich für seinen Ausbruch. Iago rät ihm, Desdemonas Hilfe in Anspruch zu nehmen.

Monologe Iagos

In zwei Monologen bringt Iago seine Freude und Zufriedenheit über den Verlauf seines teuflischen Plans zum Ausdruck und erläutert sein weiteres Vorgehen. Er hat nun vor, Othello zu informieren, dass Desdemona sich für Cassio einsetzt, weil sie ihn liebt.

Frustrierter Roderigo

Roderigo taucht kurz auf. Er sei verletzt, habe kaum noch Geld und von Desdemonas Zuneigung zu ihm spüre er auch noch nichts. Er will nach Hause. Wiederum kann Iago ihn zum Durchhalten überreden.

3.2 Inhaltsangabe

Act III

Im dritten Akt gelingt es Iago, Othellos Wesen zu verändern: vom souveränen Staats- und Ehemann zum eifersüchtigen, verunsicherten und anscheinend „gehörnten"[51] Außenseiter. Es geht um „Beweise" für Desdemonas Untreue. Iago tut so, als berate er Othello, Desdemona und Cassio oder helfe ihnen. In Wirklichkeit stürzt er sie aber immer tiefer ins Unglück. Ein besticktes Taschentuch, das Othello einmal Desdemona geschenkt hat, gerät durch Iago in den Besitz Cassios und wird zum entscheidenden „Indiz" der Untreue Desdemonas.

Act III, Scene 1: Cassio erbittet Gespräch mit Desdemona

Vor der Burg möchte Cassio ein paar Musiker für die Hochzeitsfeier engagieren. Ein von Othello geschickter Clown erscheint, der den Musikern Geld gibt, damit sie weggehen. Cassio bittet den Clown, Desdemonas Kammerdienerin Emilia um einen Gesprächstermin mit ihm und ihrer Herrin zu bitten. Iago gibt sich als Helfer oder Beistand Cassios aus. Er verspricht, seine Frau Emilia sofort zu Othello zu schicken und selbst Othello abzulenken, damit Cassio allein mit Desdemona sprechen könne. Emilia bekräftigt das Angebot ihres Mannes, für Cassio ein Gespräch unter vier Augen mit Desdemona zu arrangieren.

Emilia als Vermittlerin

Act III, Scene 2: Othello begutachtet Festungswerke

Othello zieht mit Iago und Edelleuten aus, um Befestigungsanlagen zu begutachten.

Act III, Scene 3: Othello misstraut Desdemona und Cassio

In einer Unterredung sichert Desdemona Cassio ihre Unterstützung zu. Othello werde Cassio sicher bald wieder einstellen, und Desde-

Temptation scene[52]

---

51 hintergangen und betrogen
52 In der Sekundärliteratur wird diese Szene häufig als „temptation scene" bezeichnet.

3 TEXTANALYSE UND -INTERPRETATION

3.2 Inhaltsangabe

mona werde sich vehement dafür einsetzen („For thy solicitor shall rather die / Than give thy cause away." Z. 27 f).

Cassio will nicht auf Othello treffen

Als Othello sich nähert, zieht sich Cassio aus Scham und Unsicherheit schnell zurück, obwohl Desdemona den Sachverhalt mit ihm und Othello direkt klären will. Mit „Ha, I like not that" (Z. 35) lenkt Iago die Aufmerksamkeit auf Cassios Abgang und unterstellt ihm ein schuldbewusstes Sich-davon-Schleichen. Sofort trägt Desdemona ihrem Mann Cassios Fall vor. Othello willigt ein, Cassio zu treffen, bittet aber, alleingelassen zu werden.

Iago unterstellt Desdemona und Cassio Verhältnis

Als Desdemona und Emilia gegangen sind, „lästert" Iago geschickt weiter über Cassios angebliche Zuneigung zu Desdemona und unterstellt den beiden ein Verhältnis. Die ganze Zeit tut Iago so, als falle es ihm schwer, diese Vermutungen zu äußern, denn schließlich sei Cassio sein Freund und Vertrauter. Othello drängt ihn, diese „Geheimnisse" zu enthüllen, denn das Misstrauen gegenüber seiner Frau wächst. Iago verunsichert Othello zusätzlich dadurch, dass er dessen Migrationshintergrund und Hautfarbe betont bzw. den eigenen Einheimischen-Status ausnutzt.[53] Augenscheinlich warnt Iago Othello vor der Eifersucht, weckt diese dadurch aber erst richtig. Othello meint, er sei von Natur aus nicht eifersüchtig, beginnt aber, an sich zu zweifeln: In einem Monolog überlegt er, ob seine Frau ihn betrogen haben könnte, weil er schwarz und schon etwas älter und nicht so redegewandt ist (Z. 267–270). Schließlich empfiehlt Iago Othello ausdrücklich zwei Mal, auf seine Frau aufzupassen, insbesondere im Umgang mit Cassio. Er erinnert damit an die Warnung von Desdemonas Vater. Othello bittet Iago, dass Emilia Desdemona beobachten möge.

---

53 Er sagt, Venezianer hätten kein schlechtes Gewissen, wenn sie ihre Partner betrögen. Und es sei widernatürlich, dass Desdemona einen Schwarzen geheiratet habe und ihre Untreue sei ein Teil dieser Unnatürlichkeit.

3.2 Inhaltsangabe

Desdemona kehrt zurück, um ihren Mann zum Essen zu rufen, und bemerkt sofort, dass etwas mit Othello nicht stimmt. Er sagt, er habe Kopfschmerzen. Sie möchte seine Kopfschmerzen mit dem Taschentuch lindern, das Othello ihr einst geschenkt hat, lässt es dabei aber versehentlich fallen.

In Othello keimen Zweifel an der Treue seiner Frau auf

Als die beiden gegangen sind, hebt Emilia das Taschentuch auf und gibt es ihrem Mann. Schon lange habe er sie darum gebeten, es für ihn zu stehlen. Emilia denkt, er wolle die Stickerei darauf kopieren.

Erst in seinem Monolog (Z. 326 ff.) verrät Iago, dass er das Tuch in Cassios Wohnung hinterlegen wolle. Es soll als fingierter Beweis Beweis für Othello dienen, dass Cassio und Desdemona eine Affäre haben.

Taschentuch-Intrige

Othello fühlt sich weiter verunsichert, misstraut Desdemona und beklagt seinen erbärmlichen Zustand. Gelegentlich zweifelt er noch an Iagos Worten, obwohl er Iago für ehrlich hält. Othello möchte alles oder nichts über eine Affäre seiner Frau wissen. Von Iago verlangt er eindeutige Beweise für ihre Schuld: „Villain, be sure thou prove my love a whore […]." (Z. 365)

Iago rät Othello, Cassio abzuweisen und Desdemonas Reaktionen darauf zu beobachten. Er erzählt Othello von einem Traum, den Cassio angeblich gehabt habe, als Iago neben ihm schlief: Cassio habe nach Desdemona gerufen und ihn dabei körperlich begehrt. Angeblich habe er gesehen, wie Cassio sich mit Desdemonas Taschentuch, das ihr Othello geschenkt hatte, die Stirn abwischte. Othello glaubt Iago nun alles und zweifelt nur noch gelegentlich an Desdemonas Schuld. Er ist besessen vom Gedanken an den Betrug seiner Frau, von dem er schließlich überzeugt ist, und sinnt auf Rache. Er will Cassio und Desdemona töten. Iago wird von Othello zum Leutnant befördert und heuchelt am Ende: „I am your own for ever." (Z. 486)

Othello ist von Desdemonas Schuld überzeugt

| 1 SCHNELLÜBERSICHT | 2 WILLIAM SHAKESPEARE: LEBEN UND WERK | 3 TEXTANALYSE UND -INTERPRETATION |

3.2 Inhaltsangabe

Act III, Scene 4: Der Verlust des Taschentuchs wird Thema

Desdemona beauftragt einen Clown, herauszufinden, wo Cassio wohnt, um ihm mitzuteilen, dass sie sein Anliegen Othello vorgetragen habe und hoffe, alles werde nun gut.

Das Taschentuch: Geschenk von Othellos Mutter

Sie vermisst ihr Taschentuch. Othello tritt auf und ist zunächst freundlich zu Desdemona, obwohl es ihm schwerfällt. Sie kommt wieder auf Cassio zu sprechen. Er ignoriert ihre Bemerkungen und fragt sie, wo das Taschentuch sei, das er ihr geschenkt habe. Sie kann es ihm nicht zeigen. Othello erzählt Desdemona vom Zauber dieses Taschentuchs und fragt, ob sie es verloren habe. Sie bestreitet das und beginnt wieder von Cassio zu sprechen. Othello stürmt wütend davon. Desdemona kann sich Othellos Verstimmung nicht erklären. Vielleicht hänge sie mit den Staatsaffären zusammen, versucht sie sich zu trösten (Z. 141 ff.). Emilia vermutet Eifersucht („Is not this man jealous?" Z. 100) und gibt eine Definition davon („jealous souls [...] 'tis a monster, / Begot upon itself, born on itself." Z. 161–164), wird aber von Desdemona nicht ernst genommen.

Taschentuch: Cassio und seine eifersüchtige Bianca

Iago und Cassio treten auf. Iago lässt Cassio sein Anliegen erneut vorbringen. Desdemona bittet Cassio um Geduld und erzählt von der Verstimmung ihres Mannes. Am Schluss ist Cassio allein mit seiner Geliebten Bianca auf der Bühne. Sie ist beleidigt, weil Cassio sie lange nicht besucht hat. Cassio kann sie beruhigen und rügt sie für ihre Eifersucht. Er gibt ihr ein Taschentuch (Desdemonas!), das er in seinem Zimmer gefunden hat, damit sie das Design kopieren kann. Cassio beteuert, dass es sich nicht um das Geschenk einer neuen Freundin handelt, und verspricht, Bianca bald zu besuchen.

Act IV

Iago liefert Othello die entscheidenden „Beweise" und Othello ist rasend vor Eifersucht. Roderigo wird von Iago beauftragt, Cassio zu töten, und Desdemona hat eine Vorahnung.

| 4 REZEPTIONS- | 5 MATERIALIEN | 6 PRÜFUNGS- |
| GESCHICHTE | | AUFGABEN |

3.2 Inhaltsangabe

Act IV, Scene 1: Othellos Entschluss, Desdemona zu töten

Iago überzeugt Othello immer mehr von der angeblichen Untreue Desdemonas. Othello bekommt einen epileptischen Anfall und verliert das Bewusstsein. Cassio eilt zur Hilfe, wird von Iago aber fortgeschickt.

Othello fällt in Ohnmacht

Als Othello wieder zu sich kommt, will ihn Iago als „Beweis" für die Untreue Desdemona ein Gespräch mit Cassio belauschen lassen. Iago behauptet, dass sich Cassio und Desdemona erneut heimlich treffen wollen.

Nachdem Othello sich zum Lauschen zurückgezogen hat, geht Iago zu Cassio. Ohne dass Othello es hört, erzählt Iago Cassio, dass seine Geliebte Bianca das Gerücht verbreite, er habe eingewilligt, sie zu heiraten. Cassio lacht darüber. Das hört Othello, der denkt, Cassio lache aus Entzücken über Othellos „Niederlage", seine Frau verführt und ihn zum „gehörnten" Ehemann gemacht zu haben.

Othello beobachtet Gespräch zwischen Iago und Cassio

Bianca tritt empört auf, gibt Cassio das Taschentuch zurück, das sie für das einer Hure hält, und geht beleidigt ab. Cassio folgt ihr, um sie zu beruhigen.

Othello denkt, Desdemona habe Cassio sein wertvolles Taschentuch gegeben und dieser habe es an seine Geliebte weitergereicht. Er hat nun den ihm fehlenden „Beweis" und ist von der Schuld Desdemonas überzeugt. Iago bekräftigt, sie habe das Tuch genauso leichtfertig weggegeben wie ihre Unschuld. Othello beschließt, noch in dieser Nacht Desdemona zu vergiften. Iago hält Erdrosseln im von ihr „beschmutzten" Ehebett für die bessere Alternative. Iago selbst will sich um die Beseitigung Cassios kümmern.

Othellos Taschentuch bei Bianca

Lodovico, Desdemona und Bedienstete treten auf, um Othello einen Brief aus Venedig zu bringen: Othello soll zurück nach Venedig und Cassio soll als Gouverneur auf Zypern bleiben. Desdemona freut sich über die Neuigkeiten, woraufhin Othello sie vor allen Anwesenden beleidigt und ohrfeigt (Z. 240). Er denkt, sie freue sich

Othello schlägt Desdemona

OTHELLO

| 1 | SCHNELLÜBERSICHT | 2 | WILLIAM SHAKESPEARE: LEBEN UND WERK | 3 | TEXTANALYSE UND -INTERPRETATION |

3.2   Inhaltsangabe

über die Beförderung ihres Geliebten Cassio. Desdemona wird von Othello fortgeschickt, der ihr, rasend vor Wut, kurze Zeit später folgt. Lodovico erkennt Othello nicht wieder. Iago stimmt ein und sagt, dass Othello sich verändert habe. Er behauptet, Othello würde noch schlimmere Dinge auf Zypern tun, als seine Frau zu schlagen.

Act IV, Scene 2: Othello verhört Emilia und Desdemona

Emilia beschwört Desdemonas Treue

Othello „verhört" Emilia, um weitere Beweise für Desdemonas Untreue zu bekommen. Emilia ist aber von Desdemonas Güte und Unschuld überzeugt und setzt sich für ihre Herrin ein. Desdemona sei treu und keusch und habe niemals auch nur annähernd ein Verhältnis mit Cassio gehabt. Ihre Worte können Othello aber nicht von seinem Verdacht abbringen. Desdemona wird gerufen und Emilia fortgeschickt.

Othello beschimpft Desdemona als Hure

Othello verlangt ein Schuldeingeständnis von Desdemona. Obwohl sie fragt, was er ihr denn überhaupt vorwerfe, und sie ihre Unschuld beteuert, glaubt er ihr nicht und nennt sie mehrfach „Hure" (engl. strumpet: Z. 83, 84, 87; engl. whore: Z. 88, 91). Othello leidet und weint (Desdemona denkt, er weine, weil ihr Vater Brabantio gestorben ist). Emilia kehrt zurück (Z. 89), und Othello bezichtigt sie, Desdemona beim Ehebruch geholfen zu haben. Er geht angeekelt ab.

Iago beruhigt Desdemona: Staatsgeschäfte sind schuld

Die beiden Frauen können sich Othellos aggressives Verhalten nicht erklären. Desdemona ist sich keiner Schuld bewusst. Sie ist unglücklich und verzweifelt und bittet Emilia, das Ehebett mit der Hochzeitswäsche zu beziehen und Emilias Mann Iago zu rufen. Emilia versucht Desdemona zu trösten. Als Iago kommt, schildert Emilia ihm Othellos Verhalten gegenüber seiner Frau. Iago tut so, als könne er sich Othellos Verhalten auch nicht erklären. Emilia vermutet, ein Schurke verleumde Desdemona: „O heaven, that such companions thou 'ldst unfold, / And put in every honest hand a whip, / To lash the

rascal naked through the world, / Even from the east to the west!"
(Z. 142–146) Iago ist peinlich berührt von der Äußerung seiner Frau:
„Speak within doors." (Z. 146) Desdemona weint und Iago heuchelt
Trost: Alles werde gut.

Als die Frauen zum Abendessen gegangen sind, kommt Roderigo zu Iago und beschwert sich, dass Iago ihm falsche Hoffnungen
gemacht habe. Er will nun selbst mit Desdemona reden und außerdem nach Venedig zurückkehren. Iago empfiehlt Roderigo, Cassio
zu töten. Dadurch würde er endlich an sein Ziel (Desdemona) kommen. Tue er das nicht, würde Othello nach Mauretanien abgeordnet
werden und Desdemona mitnehmen. Er verrät Roderigo, wo er Cassio diese Nacht finden könne, und verspricht, ihm zu helfen.

Iago trägt Roderigo auf, Cassio zu töten

Act IV, Scene 3: Desdemonas Gespräch mit Emilia

In einem Schlosszimmer wünscht Lodovico Desdemona höflich gute
Nacht. Othello schickt sie zu Bett. Er will noch mit Lodovico spa-
zieren gehen und werde gleich bei ihr sein. Sie soll Emilia diese
Nacht fortschicken.

Emilia hilft Desdemona beim Auskleiden. Sie meint zunächst,
Othello habe eben freundlicher ausgesehen als vorher. Als sie erfährt, dass sie Desdemona diesen Abend allein lassen solle, wünscht
sie sich, Desdemona hätte Othello nie kennengelernt. Desdemona
erwidert, dass sie Othello noch immer uneingeschränkt liebt. Sie
erwähnt ferner, dass sie, wenn sie vor Emilia sterben sollte, in ihr
Hochzeitslaken als Leichentuch gewickelt werden möchte (Stilmittel foreshadowing S. 97).

Vorahnung: Desdemona spricht von ihrem Tod

Desdemona singt das traurige Weiden-Lied („Willow Song"),[54]
das ihr den ganzen Abend schon nicht aus dem Kopf geht. Sie kennt

Willow tree

---

54 engl. willow; eine Trauerweide ist ein Baum.

es von Barbary, der Dienerin ihrer Mutter, die es sang, als sie starb. Im Lied geht es um eine leidende Frau, die von ihrem Geliebten verlassen wurde. Die Frauen sprechen über das Los der Geschlechter: Desdemona kann nicht glauben, dass es Frauen gibt, die ihre Männer so schlecht behandeln, wie Männer das mit ihren Frauen tun. Emilia schon.

Act V

Roderigo verletzt Cassio, der heimlich von Iago verwundet wird. Unbemerkt tötet Iago Roderigo und verstrickt Bianca in einen Streit zwischen Roderigo und Cassio. Othello sieht den verletzten Cassio, wird in seinem Plan bestärkt und erstickt Desdemona. Sie beteuert bis zuletzt ihre Unschuld. Iagos Frau Emilia deckt danach die Intrige ihres Mannes auf und wird dafür von ihm getötet. Othello verwundet Iago und richtet sich selbst. Cassio hat das Kommando.

Act V, Scene 1: Kampf zwischen Roderigo und Cassio

In der Nacht auf einer Straße weist Iago Roderigo an, sich zu verstecken und Cassio mit dem Schwert zu töten. Er offenbart dem Publikum in einem „Aside"[55], warum er sowohl Roderigo als auch Cassio den Tod wünscht: Denn nur durch den Tod beider bleibt Iago selbst unbehelligt. Iago begibt sich in den Hintergrund der Szene.

Hinterhalt: Cassio und Roderigo sind verletzt

Als Cassio kommt, wird er von Roderigo attackiert. Sich verteidigend verwundet Cassio Roderigo. Iago sticht von hinten auf Cassio ein, verletzt ihn am Bein und verschwindet, ohne dass Cassio ihn bemerkt. Othello kommt und denkt, Cassio sei tot. Er rühmt Iagos Redlichkeit und will nun seinen Auftrag (Desdemonas Tod) erfüllen.

———

55 Beiseite sprechen: Nur das Publikum bekommt die Gedanken des Sprechers mitgeteilt.

3.2 Inhaltsangabe

Lodovico und Gratiano erscheinen, weil sie Hilferufe gehört haben. Iago tritt mit einem Licht hinzu und kümmert sich überschwänglich um den verletzten Cassio. Während sich alle um Cassio kümmern, ersticht Iago abseits unbemerkt Roderigo. Danach kümmert sich Iago weiter scheinbar hingebungsvoll um Cassio.

Iago tötet heimlich Roderigo

Auch Bianca hat den Lärm gehört und eilt Cassio zu Hilfe. Iago stellt den Sachverhalt vor Lodovico und Gratiano so dar, als habe Cassio versucht, Roderigo umzubringen. Bianca sei dabei dessen Assistentin gewesen. Daraufhin werden Cassio und Bianca abgeführt und die Toten und Verletzten weggetragen.

Iagos Intrige: Cassios und Roderigos Kampf

Emilia tritt auf und Iago teilt ihr seine Version mit von dem, was sich gerade zugetragen habe. Emilia eilt davon, um Othello und Desdemona von den Ereignissen zu unterrichten. Am Ende der Szene verkündet Iago, dass die Geschehnisse dieses Abends sein Schicksal für immer besiegeln würden – im Guten oder Schlechten: „This is the night / That either makes me, or fordoes me quite." (Z. 127 f.)

Act V, Scene 2: Tod von Desdemona und Othello

Desdemona schläft, als Othello das Schlafzimmer betritt und zu sich selbst spricht (engl. soliloquy, dt. Monolog). Er liebt Desdemona noch immer und betet ihre Schönheit an. Trotzdem ist er entschlossen, sie zu töten, um die „Gerechtigkeit" wiederherzustellen und zu verhindern, dass sie weitere Männer betrügt. Er riecht ihren Duft, küsst sie dreimal und weint. Dabei spricht er über den absoluten, unwiderruflichen Tod.

Othellos Monolog an Desdemonas Bett

Desdemona erwacht. Sie fürchtet sich vor Othello, der sie auffordert, ihre Sünden zu beichten, weil er sie jetzt töten werde. Sie fleht um Gnade und beteuert ihre Unschuld. Othello bezichtigt sie der Untreue und erwähnt das besagte Taschentuch. Sie bekräftigt, es Cassio nie gegeben zu haben. Als Desdemona nach Cassio als

Othello erstickt seine Frau

| 1 SCHNELLÜBERSICHT | 2 WILLIAM SHAKESPEARE: LEBEN UND WERK | 3 TEXTANALYSE UND -INTERPRETATION |

3.2 Inhaltsangabe

Zeugen verlangt, erfährt sie, dass Cassio tot[56] ist. Desdemonas natürliches Entsetzen darüber und ihre Tränen wertet Othello als Indiz für ein Verhältnis seiner Frau mit Cassio. Während Desdemona um Gnade bittet, erstickt Othello[57] sie.

Desdemona schützt Othello

In diesem Augenblick steht Emilia vor der Tür und bittet um Einlass. Othello öffnet die Tür und erfährt, dass Cassio Roderigo getötet hat, Cassio aber noch lebt. In diesem Moment lebt Desdemona kurz noch einmal auf, beteuert erneut ihre Unschuld, behauptet auf Emilias Nachfrage, dass sie sich selbst getötet habe (Z. 125), empfiehlt sich ihrem Gemahl und stirbt.

Emilia erkennt die Intrige ihres Mannes und deckt sie auf

Erst als Desdemona tot ist, gesteht Othello den Mord an ihr, den er als rechtschaffenen Ehrenmord sieht. Emilia aber verteidigt ihre gute und unschuldige Herrin. Sie meint, Iago könne Desdemonas Unschuld bezeugen, findet dann aber schnell heraus, dass ihr Mann ein Lügner ist und Desdemona bei Othello verleumdet hat. Sie beschimpft Othello und ruft um Hilfe.

Montano, Gratiano und Iago kommen herbeigeeilt. Von Emilia beschuldigt und unfähig, sie zum Schweigen zu bringen, räumt Iago ein, den Verdacht auf ein Verhältnis zwischen Desdemona und Cassio geschürt zu haben.

Emilia stirbt durch Iagos Schwert

Erst jetzt erkennt Othello die Wahrheit. Er versucht Iago zu töten, der wiederum seine Frau Emilia nach einem gescheiterten Versuch schließlich tötet (Z. 237). Iago entkommt, ehe er schließlich doch festgenommen wird: Von da an schweigt er. Die Zuschauer erfahren also nichts über seine boshaften Motive. Othello versucht erneut Iago zu erstechen, verletzt ihn jedoch nur (Z. 288). Cassios Ehre wird

---

56 Cassio lebt noch, aber das wissen beide nicht.
57 In den meisten Inszenierungen wird dazu ein Kissen verwendet. Das steht aber nicht explizit im Text.

4 REZEPTIONS-GESCHICHTE	5 MATERIALIEN	6 PRÜFUNGS-AUFGABEN

3.2 Inhaltsangabe

wiederhergestellt, denn man hat entlastende Briefe in Roderigos Tasche gefunden.

Othello leidet und beschreibt sich kurz vor seinem Freitod (durch das Schwert) als jemand, der „nicht weise, aber zu sehr" liebte, der nicht leicht eifersüchtig war und dem Unrecht getan wurde. Cassio wird schließlich Gouverneur Zyperns.

Othello richtet sich selbst

| 1 SCHNELLÜBERSICHT | 2 WILLIAM SHAKESPEARE: LEBEN UND WERK | 3 TEXTANALYSE UND -INTERPRETATION |

3.3 Aufbau

3.3 Aufbau

ZUSAMMEN-FASSUNG

Othello ist ein poetisches Drama, das äußerlich die Tekto-nik eines klassischen 5-Akters aufweist. Beim inneren Aufbau weicht es teilweise vom antiken Vorbild ab.

Grundstruktur der Handlung

Haupthandlung: Iagos Intrige

Der Haupt-Handlungsstrang in Shakespeares *Othello* ist Iagos teuf-lischer Plan, Othello zu vernichten. Im Zentrum stehen Iagos Hass und Tücke. Er lenkt die Geschicke der anderen und nutzt die Ge-gebenheiten aus. Er macht sich zunutze, dass Cassio wenig Alko-hol verträgt und Desdemona freundschaftlich zugetan ist. An dem Hauptstrang sind kleinere Nebenhandlungen gebunden, z. B. Ro-derigos Auseinandersetzungen mit Iago und Cassios Beziehung mit Bianca.

Parallelität: Othello und Iago

Auffällig ist eine gewisse **symmetrische Anordnung** der Haupt-personen Othello (Protagonist) und Iago (Antagonist). Beide sind

→ … erfahrene Soldaten und haben einen höheren militärischen Rang. Sie genießen Vertrauen und Respekt bei den anderen.

→ … verheiratet und nehmen ihre Ehefrauen zum Kriegseinsatz nach „Übersee" mit.

→ … eifersüchtig! Othello ist eifersüchtig auf Desdemona (weil er von Iago dazu gebracht wird), und Iago ist eifersüchtig auf Othello und Cassio, denen er u. a. vorwirft, ihn mit seiner Frau Emilia betrogen zu haben.

→ ... Mörder bzw. destruktive Rächer. Iago hat am Ende seine Frau und Roderigo (beinahe auch Cassio) auf dem Gewissen und Othello tötet Desdemona und sich.[58]

→ ... auf ihre Art gesellschaftliche Außenseiter, Othello wegen seiner schwarzen Hautfarbe und Iago wegen seiner schwarzen Seele (Boshaftigkeit und Unzufriedenheit, die die Basis seines Handelns sind).

Shakespeare wäre aber nicht Shakespeare, wenn die Zuordnungen zu eindeutig wären. Grund der Eifersucht ist bei beiden Männern ein ganz anderer, der mit ihrer Persönlichkeit zu tun hat. Überhaupt kommt zunächst niemand auf die Idee, dass es überhaupt Parallelen zwischen den beiden gegensätzlichen Charakteren geben könnte. Mit der Schwarz-Weiß-Thematik (Kapitel 3.7) werden diese Parallelen einerseits verfestigt, andererseits aber verwirrt oder vertauscht.

Durchbrechen der Symmetrie

Am Ende sind fünf Tote (Desdemona, Emilia, Othello, Roderigo, und Brabantio) zu beklagen und ein Schwerverletzter (Cassio). Alle zentralen (und interessanten) Personen sind tot oder „ausgeschaltet" (Iago), und das Weltbild, die heilige Ordnung und Harmonie (vgl. Kapitel 2.2. S. 15), ist wiederhergestellt.

Ende: Weltordnung wiederhergestellt

Die Schauplätze

Die **Handlung** des *Othello* spielt überwiegend auf Zypern (Act II–V), und in Venedig[59] (Act I). Auf Zypern sind die Figuren im Grunde alle fremd. Sie befinden sich jedoch in einem engen sozialen Netzwerk, deren „Leitkultur" die venezianische ist.

Zypern und Venedig

---

58 Othello und Desdemona werden für den Tod Brabantios verantwortlich gemacht: „Thy match was mortal to him" (V, 2, 206).

59 Venedig stand damals für eine moderne und tolerante Stadt und Republik, für die sich die Elisabethaner sehr interessierten. Auch Shakespeares *The Merchant of Venice* (dt. *Der Kaufmann von Venedig*) spielt teilweise in Venedig und auch die Figur Gratiano tritt dort auf.

1 SCHNELLÜBERSICHT	2 WILLIAM SHAKESPEARE: LEBEN UND WERK	3 TEXTANALYSE UND -INTERPRETATION

3.3 Aufbau

Das Netz zieht sich zu: Von außen nach innen

Mehr als die Hälfte des Dramas (I, 1–IV, 1) spielt im Freien: Auf der Straße, am Quai, vor der Burg; Ausnahmen: I, 3/„A Council Chamber" (im Senatssaal) und II, 3/„A Hall in the Castle" (in einem Burgsaal); dies sind aber zumindest eher öffentliche Räume. Als sich die Lage zuspitzt, wird auch der Raum enger und privater (IV, 2 und IV, 3 spielen in einem Raum in der Burg), und der Mord (V, 2) findet schließlich im Schlafgemach statt. So wie Iagos Netz sich um die anderen Figuren schließt, so eng wird es auch inhaltlich und räumlich auf der Bühne, was viele mit einem Gefühl von Klaustrophobie vergleichen: Es gibt kein Entrinnen.

Die Zeit

ACT	SCENE	ORT	ZEIT
ACT I	Scene 1	Venice. Street	Abend
ACT I	Scene 2	Venice. Sagittar	Abend
ACT I	Scene 3	Venice. A Council Chamber	Nacht
	Reisezeit: im Stück nicht dargestellt	Von Venedig nach Zypern	Othello verlässt noch in der Nacht (vgl. I, 3, 279 ff.) Venedig, die übrigen erst am nächsten Tag oder in den nächsten Tagen.
ACT II	Scene 1	Cyprus. Quai	Tag
ACT II	Scene 2	Cyprus. Quai	5 Uhr: Hochzeitsfeier soll von jetzt (5 Uhr) bis 11 Uhr dauern (vgl. Z. 10).
ACT II	Scene 3	Cyprus. Hall in the Castle	Abend („Good night." Z. 11); vor 10 Uhr. (vgl. Z. 13); Nacht („this night" Z. 193; „in night" Z. 207; „till to-night" Z. 227); Morgengrauen, als Cassio und Iago sich trennen (vgl. III, 1, 32).

ACT	SCENE	ORT	ZEIT
ACT III	Scene 1	Cyprus. Before the Castle	Morgen (vgl. Z. 2)
ACT III	Scene 2	Cyprus. Before the Castle	Tag
ACT III	Scene 3 „temptation scene"	Cyprus. Before the Castle	unbestimmt: 1–2 Tage (vgl. Z. 346, 338, 346).
ACT III	Scene 4	Cyprus. Before the Castle	Tag
ACT IV	Scene 1	Cyprus. Before the Castle	(unbestimmt)Tag
ACT IV	Scene 2	Cyprus. A Room in the Castle	(gleicher) Tag
Act IV	Scene 3	Cyprus. Another Room in the Castle	(gleicher) Tag am Abend (vgl. Z. 3)
Act V	Scene 1	Cyprus. A Street	(gleicher) Abend/Nacht (vgl. Z. 128)
ACT V	Scene 2	A Bedchamber in the Castle	(gleiche) Nacht

Durch die **knappe Zeit** entsteht ein Gefühl der Enge und Unaus-
weichlichkeit. Viel Schlimmes geschieht in der dunklen Nacht. Manche Kritiker werfen *Othello* zeitliche Ungereimtheiten („inconsis-
tencies") vor. Einerseits ereignet sich das Geschehen im Drama in
wenigen Tagen (vor allem in Act III, 3 lässt sich die Tagesabfolge
nicht genau bestimmen), andererseits werden manchmal Zeitan-
gaben gemacht, die diesen zeitlichen Rahmen deutlich sprengen:
→ Othello behauptet, Desdemona habe ihn schon tausendmal
   betrogen (V, 2, 213; Stilmittel: Hyperbel).

Zeitraffung:
Spannung und
Enge

| 1 SCHNELLÜBERSICHT | 2 WILLIAM SHAKESPEARE: LEBEN UND WERK | 3 TEXTANALYSE UND -INTERPRETATION |

3.3 Aufbau

→ Bianca beschwert sich, sie habe Cassio schon eine Woche nicht gesehen (III, 4, 175).

→ Iago habe Cassio („lately" – III, 3, 419) im Traum reden hören, als er neben ihm geschlafen habe.

Ungenaue Zeitbe-stimmung

Diese Ungenauigkeiten oder Ungereimtheiten könnten durch **Übernahmen aus Vorlagen** oder beim dramatischen Entwickeln entstanden sein. Sie fallen beim genauen Textstudium auf, nicht aber dem Publikum. Manche dieser Beispiele könnten auch vom Autor den Figuren bewusst in den Mund gelegte Übertreibungen (Hyperbel) sein, um ihren Anliegen Nachdruck zu verleihen. Sie zeigen auch, wie irrational Eifersucht ist.

Klassische Dramen-Struktur

Othello zählt zum **literarischen Genre** „Drama" (engl. drama).[60] Es ist ein poetisches Drama, das – trotz einiger komischer Passagen – zur Untergruppe der „Tragödie" (engl. tragedy) gehört.

Antike Dramen-theorie: Fall eines tragischen Helden

In der **Antike** hat Aristoteles eine **Dramentheorie** entwickelt, in der die Tragödie als Fall eines großen (d. h. gesellschaftlich hoch stehenden) Menschen, des tragischen Helden (engl. tragic hero), beschrieben wird. Dessen Schicksal soll in den Zuschauern durch **Mitleid, Trauer oder Furcht eine Art Reinigung (griech. Katharsis)** bewirken und sie zu besseren Menschen machen. Meist hat der tragische Held eine tragische „Schwachstelle" (engl. tragic flaw), die ihm zum Verhängnis wird und zu seinem Untergang führt. Bei Othello könnte es seine **Leichtgläubigkeit oder Emotionalität** sein, die ihn so schnell in die blinde Eifersucht treibt, was aber eine große Vereinfachung wäre.

––––

60   Die anderen beiden klassischen Genres sind „Lyrik" (engl. poetry) und „Epik" (engl. prose).

3.3 Aufbau

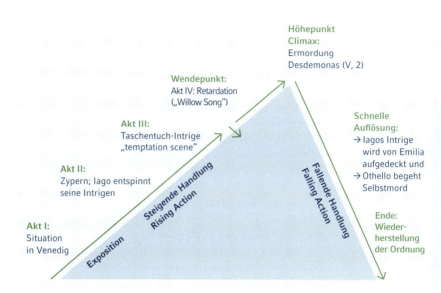

Inwieweit Shakespeare überhaupt der Dramentheorie des Aristoteles folgt, ist umstritten.[61] Zu Aristoteles' Dramentheorie zählt ferner die Einheit von Zeit (Handlungsablauf innerhalb von 24 Stunden) und Raum (nur ein Schauplatz) und Handlung (nur eine Haupthandlung). **Diese drei klassischen Kriterien werden von Shakespeare z. T. durchbrochen** (vgl. Beginn dieses Kapitels).

Aristoteles: Einheit von Zeit, Raum und Handlung

Othello weist äußerlich die **Tektonik eines klassischen 5-Akters** auf (vgl. Abbildung). Das Drama beginnt mit der **Exposition**, in der die Charaktere eingeführt und der Konflikt verdeutlicht werden. Am Ende von Act I kennt das Publikum Iagos Pläne, Othellos und

Act I: Exposition

---

61 Vgl. Kapitel 3.1: Entstehung und Quellen. Shakespeare wird von der Tradition der Antike beeinflusst, durchbricht diese aber auch oft bewusst.

	3.3 Aufbau

Desdemonas Ehe bekommt widerwillig den väterlichen Segen, und der Krieg auf Zypern ruft. Noch ist Othello ein unbeschadeter Held, aber die Zuschauer wissen schon um Iagos Pläne.

Act II und III: Steigende Handlung

Der Act II mit dem erregenden Moment **(rising action)** entfaltet den **Konflikt** und endet mit der von Iago inszenierten unehrenhaften Entlassung Cassios. Die **Spannung** steigt weiter in Act III („temptation scene": III, 3) und zu Beginn von Act IV: Es gelingt Iago, Othello an der Unschuld Desdemonas zweifeln zu lassen, Desdemona verliert ihr Taschentuch, Othello bekommt seine „Beweise" und einen epileptischen Anfall und beschließt, seine Frau zu töten.

Act IV

Act IV (Scene 2 und 3) kann kaum als **retardierendes Moment (verzögerndes Moment)** angesehen werden: Desdemona sucht Rat bei Iago, Roderigo erhält den Auftrag, Cassio zu töten, Othello schlägt Desdemona, und Desdemona hat traurige Vorahnungen.[62]

Act V: Katastrophe

Schließlich kommt es in **Act V** zum Höhepunkt des Dramas, zur „Katastrophe" (engl. **catastrophe**): Othello erstickt Desdemona. Aus dem Höhepunkt wird eine Art „Höhe-Plateau": Emilia klärt das Verbrechen auf und wird dafür von ihrem Mann erstochen. Es folgt die sehr kurze „**fallende Handlung**" (engl. falling action, denouement oder conclusion): Cassio wird Gouverneur auf Zypern, Iago als Fiesling enttarnt und abgeführt, Othello nimmt die Schuld auf sich und „rehabilitiert" sich durch seinen Selbstmord. Der Kritiker Dr. Samuel Johnson lobt 1765 den Aufbau *Othellos*, weil er „skrupellos gleichmäßig" sei.

Spannung

Comic relief

Um Spannung zu erzeugen und zu halten, bedient sich Shakespeare weiterer stilistischer Mittel. Ganz entscheidend im Drama und ein zentraler Unterschied zur klassischen Tragödie nach der Definition

---

62 Iago ist der Einzige im Stück, der bisher weiß, was wirklich geschieht.

3.3 Aufbau

des Aristoteles ist der für Shakespeare typische **Wechsel von komischen und traurigen Passagen und Szenen**. Dafür hat Shakespeare wahrscheinlich auch Roderigo erfunden.[63] Da die Zuschauer nicht die ganze Zeit angespannt sein und trauern können – womöglich lachen sie sonst sogar an den falschen Stellen –, baut Shakespeare mehr oder weniger entspannende, lustigere Episoden ein, die die traurigen Momente außerdem noch trauriger erscheinen lassen. Diese Technik bzw. Stilmittel wird als **„comic relief"** bezeichnet.

Eine weitere Art, die Aufmerksamkeit der Zuschauer zu erhalten, ist der **Wechsel von längeren und kürzeren Szenen** (z. B. Act I: rel. lange, rel. kurze, lange Szene) oder lauteren und leiseren. Bei der Länge der Szenen lässt sich keine eindeutige Regelmäßigkeit ableiten. In den Acts I–III gibt es jeweils mindestens eine deutlich kürzere Szene. Von der Zeilenzahl her sind Act IV und V kürzer als die anderen. Shakespeare schreibt aber nicht nach einem starren Schema. Er richtet sich nach theaterpraktischen Bedürfnissen (z. B. Erhalt der Spannung, Kostümwechsel von Schauspielern etc.).

Abwechslung

Der **Spannungsaufbau des Dramas** wird maßgeblich beeinflusst durch die sog. „dramatic irony" (dt. dramatische Ironie; vgl. Kapitel 3.6): Der Zuschauer weiß etwas über die Personen oder die Handlung auf der Bühne, was die Charaktere im Stück nicht wissen. Das Publikum weiß von Anfang an, wie Iago wirklich denkt und was er vorhat. Schließlich arbeitet Shakespeare ferner häufig mit **Vorausdeutungen/Vorahnungen** und Anspielungen, zum Beispiel Todesahnungen: „[Desdemona:] If I shall die before thee…" (IV, 3,24; vgl. Stilmittel foreshadowing, S. 97)

Dramatic irony und foreshadowing

---

63 Komische Elemente finden sich z. B. in I, 1 (Nachricht an Brabantio) oder auch II, 1 (Emilia, Iago und Desdemona, später auch Roderigo), III, 1 (Clown) und III, 4 (Clown).

| 1 SCHNELLÜBERSICHT | 2 WILLIAM SHAKESPEARE: LEBEN UND WERK | 3 TEXTANALYSE UND -INTERPRETATION |

3.4 Personenkonstellation und Charakteristiken

3.4 Personenkonstellation und Charakteristiken

ZUSAMMEN-
FASSUNG

Die Hauptfiguren sind:
Othello
→ edler schwarzer General
→ glaubt durch Iagos Intrige an die Untreue seiner Ehefrau
→ erstickt Desdemona
Iago
→ erfahrener Fähnrich in Othellos Armee
→ neidisch und eifersüchtig
→ gerissener Bösewicht, der mit Genugtuung den Niedergang der anderen Figuren inszeniert
Desdemona
→ hübsche, junge Tochter des Edelmannes Brabantio
→ ihrem Ehemann Othello bis in den Tod treu ergeben
Michael Cassio
→ junger, zum Leutnant beförderter und später wieder degradierter Soldat in Othellos Armee
→ ehrlich, pflichtbewusst, loyal
Roderigo
→ an Desdemona interessierter dümmlicher Edelmann
→ lässt sich von Iago ausnutzen und für dessen Intrigen missbrauchen; wird von Iago getötet
Emilia
→ Desdemonas Kammerzofe, Ehefrau Iagos
→ ihrer Herrin treu ergeben
→ deckt Intrigen ihres Mannes Iago auf

3.4 Personenkonstellation und Charakteristiken

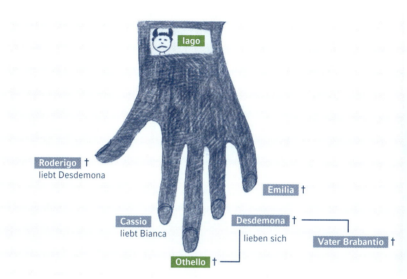

Personenkonstellation: Iagos Hand im Spiel

Iago ist der Hauptakteur im Drama, der die anderen Figuren manipuliert und die Tragödie zu verantworten hat. Daher kann die Personenkonstellation wie eine gierige, böse lenkende Hand (Personifizierung Iagos) dargestellt werden, deren Finger jeweils eine weitere Figur beeinflussen und über deren Schicksal bestimmen. Die Hand ist entsprechend der Schwarz-Weiß-Symbolik im Stück[64] (vgl. Kapitel 3.6 und 3.7) schwarz dargestellt, obwohl Iagos Hautfarbe weiß ist, weil sie Elend und Tod bringt. Alle von ihr berührten

Iago als Marionettenspieler

---

[64] Zur Hand Iagos passt auch das öfter verwendete Bild Iagos als Marionettenspieler, der die Schicksale der anderen Figuren an unsichtbaren Fäden lenkt.

| | 3.4 Personenkonstellation und Charakteristiken |

Personen sind Iagos Opfer. Sie sterben (Othello, Desdemona, Emilia, Roderigo) oder werden schwer verwundet (Cassio), teilweise direkt durch Iagos eigene Hand.

Iago/Roderigo

→ **Roderigo (Daumen)**: Iago nutzt Roderigo aus, um an dessen Geld und Juwelen zu gelangen. Er nährt dessen Hoffnung auf Desdemona und setzt ihn ein, um Cassio zu schaden.

Iago/Cassio

→ **Cassio (Zeigefinger):** Iago macht Cassio betrunken und veranlasst Roderigo, ihn in einen Streit zu verwickeln, der zu Cassios Degradierung führt. Wegen dieser Schmach (Degradierung) wendet sich Cassio an Desdemona, was Iago unterstützt und ausnutzt, um Othello von einem Verhältnis Cassios mit Desdemona zu überzeugen. Der Zeigefinger auf Cassio weist auf Iagos Wunde zurück, von Cassio bei der Beförderung zum Leutnant „abgehängt" worden zu sein, was ein zentrales Motiv für Iagos Handeln sein könnte. Iago liefert als „Beweis" für die Untreue Desdemonas ein Gespräch mit ihm und Cassio über Bianca, lässt Othello es belauschen und macht ihn glauben, sie sprechen über Desdemona. Indirekt beeinflusst Iago ferner das Verhältnis von Cassio zu seiner Geliebten Bianca, die eifersüchtig reagiert, weil Cassio so stark mit anderen Dingen beschäftigt ist.

Iago/Othello

→ **Othello (Mittelfinger):** Iagos Mittelfinger zeigt wie die bekannte Geste auf Othello, für den Iago, möglicherweise auch aus Sexualneid (Kapitel 3.4), besonders viel Hass empfindet. Er lässt Othello vermuten, dass Cassio und Desdemona eine Affäre haben, und liefert später die „Beweise" dafür. Dadurch treibt er ihn in den Ehrenmord an Desdemona. Iago gibt Othello sogar die Art vor, wie und wo er Desdemona töten solle – nämlich im Ehebett strangulieren. Vgl. Act IV, 1, 207: „[Iago:] Do it not with poison, strangle her in her bed (…)."

4 REZEPTIONS-GESCHICHTE	5 MATERIALIEN	6 PRÜFUNGS-AUFGABEN

3.4 Personenkonstellation und Charakteristiken

→ **Desdemona (Ringfinger):** Iago rät Desdemona, Cassio anzuhören und sich für ihn bei Othello einzusetzen. Dadurch bestärkt er Othellos Glauben an ihre Untreue und verstärkt Othellos Zorn. Iago ist für ihren Tod und möglicherweise auch indirekt für den ihres Vaters Brabantio verantwortlich (vgl. die von Iago inszenierte Schock-Information Brabantios über das „Durchbrennen" des jungen Paares). Möglicherweise hat auch Iago Desdemona ehelichen (Ring an den Finger) wollen.

Iago/Desdemona

→ **Emilia (kleiner Finger):** Iago stiftet seine Frau Emilia an, Desdemonas Taschentuch zu stehlen und es ihm zu geben. Damit kann Iago Othello den „Beweis" für Desdemonas Untreue liefern. Durch Emilia hat Iago einen guten Einblick in Desdemonas Verfassung und ihren Aufenthaltsort und kann sich leicht ihr Vertrauen erschleichen. Emilia bekommt von Iago auch im übertragenen Sinne (nicht nur auf der Personenkonstellation-Grafik) den kleinen Finger, denn sie bedeutet ihm nicht viel.

Iago/Emilia

Die drei mittleren Finger der Hand (bei Iago zeigen sie auf Cassio, Othello und Desdemona) sind ähnlich lang. Sie lassen auf eine **Vertrautheit, Verbundenheit und Gleichwertigkeit** bzw. Gleichberechtigung der drei Figuren schließen, was von Iago ausgenutzt wird, um Cassio und Desdemona eine Affäre anzudichten. Aber auch seine Frau Emilia und der Edelmann Roderigo haben Vertrauen in Iago, das von diesem mit Füßen getreten wird.

Iago missbraucht das Vertrauen seiner Mitmenschen

Othello

Der Protagonist Othello ist, wie der Name des Dramas *Othello, the Moor of Venice* betont, dunkelhäutig.[65] Und als in erster Linie Farbi-

Schwarze Hautfarbe

---

65 Die Wortwahl „Moore" bedeutet ursprünglich „maurisch" aus Mauretanien (griech. mauros; dt. dunkel).

3.4 Personenkonstellation und Charakteristiken

ger – **von Iago stark sexualisiert** – tritt er dem Leser bzw. Zuschauer in der Erzählung anfangs gegenüber: „the Moor" (I, 1, 40); „thick-lips" (I, 1, 66); „black ram" (I, 1, 88); „Barbary horse" (I, 1, 111/112). Othello ist im Venedig der damaligen Zeit ein Fremder.[66] Er ist möglicherweise zwischen 30 und 50 Jahre alt.[67] Die Frage, ob er arabischer oder afrikanischer Herkunft ist, bleibt umstritten. Beides wäre gleichermaßen exotisch im elisabethanischen England, und für beide Annahmen gibt es Belege im Text und durch den zeitgeschichtlichen Hintergrund. Für den Fortgang der Handlung ist dieses Detail, woher Othello ursprünglich stammt, aber weitgehend irrelevant. Wichtig ist seine grundsätzliche **Andersartigkeit in Venedig,** deren äußerliches Kennzeichen die schwarze Hautfarbe ist und ihn damit zum Außenseiter macht.

Exotischer Außenseiter mit großem Erfahrungsschatz

Ebenso bleibt ungeklärt, wann Othello nach Venedig kam. Zu seiner Vorgeschichte sagt er, dass er Sklave gewesen war, geflohen und viel gereist sei und Abenteuer erlebt habe, zum Beispiel sei er Kannibalen begegnet (I, 3, 143). Othellos Explorations-, Erkundungsdrang und Abenteuerlust waren den Engländern vertraut und erfüllten sie mit Anerkennung (vgl. Kapitel 2.2). Entscheidend ist, dass Othello in Venedig (und in England) bzw. in der venezianischen (und englischen) Gesellschaft damals wegen seiner Hautfarbe ein **faszinierender Exot** gewesen sein muss.

Angesehene Führungs-persönlichkeit in Venedig

Seine Erscheinung ist jedenfalls imposant. Othello ist ein stattlicher und angesehener („noble" II, 2, 1/2 oder „valiant" I, 3, 47) Edelmann, ein erfolgreicher Kriegsherr, ein General und Feldherr. Er genießt einen **hohen gesellschaftlichen Rang,** den er sich durch

---

66 Roderigo sagt, Othello wäre „an extravagant and wheeling stranger, / Of here, and every where" (I, 1, 137 f.).

67 Um General zu werden, muss er relativ lange beim Militär gedient und sich bewährt haben. Auch seine Vorgeschichte mit Reisen, Sklaverei, Befreiung lassen auf ein stattliches Alter schließen. Er ist wahrscheinlich deutlich älter als Desdemona.

| 4 REZEPTIONS- | 5 MATERIALIEN | 6 PRÜFUNGS- |
| GESCHICHTE | | AUFGABEN |

3.4   Personenkonstellation und Charakteristiken

Tüchtigkeit, Einsatz, Mut, resolutes Handeln und Erfolg rechtmäßig verdient hat, worauf er stolz ist. Für den Senat in Venedig ist er als erfolgreicher Feldherr unentbehrlich, und er genießt Autorität und Macht. Othello ist eine **Führungspersönlichkeit mit Würde und Selbstbewusstsein**. Er handelt normalerweise besonnen, überlegt, gerecht, offen, ehrlich[68], umgänglich, großzügig, verantwortungsvoll und vernünftig und ist dadurch beliebt und anerkannt.

Er ist leidenschaftlich, aber nicht unüberlegt, ein sympathischer „Held" („tragic hero"), dessen Leiden und Fall das Publikum sehr bedauert bzw. betrauert (s. auch Kapitel 3.1), sonst wäre das Drama keine Tragödie.

Tragödie mit einem „tragic hero"

Othello wurde z. B. häufig von Desdemonas Vater eingeladen und erzählte dort von seinen Abenteuern (s. Prüfungsaufgabe 2); er hat Freunde und Vertraute, ist ein eloquenter Redner (vgl. Kapitel 3.6) und beeindruckt die gesellschaftlich hoch stehende Desdemona. Dennoch wählt er in der Beziehung mit ihr, die sich in ihn verliebt, den heimlichen Weg: Ohne Brabantios Wissen vermählt er sich **heimlich** mit dessen Tochter, weil er weiß, dass dieser ihm – dem gesellschaftlichen Außenseiter – die Zustimmung zur Heirat mit Sicherheit verweigert hätte. Besonnen geht er dann aber mit seinem hitzköpfigen Schwiegervater Brabantio um und sorgt dafür, dass es in dem Streit nicht zum Einsatz von Waffen kommt. Sein **positives Erscheinungsbild** spiegelt sich in seinem ruhigen, bescheidenen und dennoch selbstsicheren Auftreten und Othellos eloquenter Sprache: Fast immer spricht er in „verse", erst später passt er sich zunehmend Iagos Sprache an (vgl. IV, 1, 42/43), bevor er im letzten Akt wieder zu seiner alten sprachlichen Größe zurückfindet.

Eroberung Desdemonas

Eloquent

---

68   Gegen „offen" und „ehrlich" spricht, dass Othello Desdemona heimlich heiratet. Allerdings ist der Entschluss verständlich, da Desdemonas Vater wahrscheinlich nicht in die Ehe eingewilligt, sondern seine Tochter zwangsverheiratet hätte.

OTHELLO   67

3.4 Personenkonstellation und Charakteristiken

Wandlung Othellos durch Iagos Intrige

Nachdem Iagos „Gift" der Intrige (vgl. 3.7) zu wirken beginnt, erkennt man viele dieser ursprünglichen Eigenschaften Othellos kaum wieder. Iago macht sich die positiven Eigenschaften Othellos zunutze, um Othello zu schaden bzw. um ihn zu stürzen (z. B. seine Offenheit und Großzügigkeit[69]). Um Othello zu stürzen, nutzt Iago Othellos besondere Situation als „Einwanderer" und Schwarzer aus bzw. nutzt seinen eigenen „Heimvorteil". Er erzählt Othello z. B., dass er die Art der Venezianer kenne (und unterstellt damit Othello, sie nicht zu kennen). Sie seien oft nicht das, was sie vorgäben. Sie nähmen Untreue als eine Art Nervenkitzel in Beziehungen in Kauf, um die Lust zu steigern. Desdemona fürchte sich in Wirklichkeit vor ihm, seiner Hauptfarbe und seiner Wut (wegen ihrer Untreue), was sie vor Erregung erschauern lasse.

Verunsichert wird er zum Mörder

Tief verunsichert durch Iagos Aussagen, weiß Othello schließlich nicht mehr, wem er vertrauen kann und wem nicht. **Ihm fehlt die solide Basis aus Erfahrungen und langen Beziehungen**, die Menschen haben, die seit Generationen an einem Ort verwurzelt sind und die „Leitkultur" einer Gesellschaft mitbestimmen. Und in dieser Situation vertraut er mehr dem militärischen Gefährten Iago als seiner liebenden Frau Desdemona und entwickelt sich zu einem wahren Teufel: Blind vor Eifersucht und dem Verlust seiner Ehre durch den angeblichen Seitensprung seiner Frau wird er zum Mörder an seiner geliebten Desdemona, die bis zuletzt ihre Unschuld beteuert.

Blind vor Eifersucht

Viele Kritiker suchen nach einem „tragic flaw", einer Charaktereigenschaft, die laut Aristoteles' Dramentheorie in Tragödien zum Fall des „tragischen Helden" beigetragen. Manche behaupten, Othello wäre ein brutaler Egoist, blind vor Stolz und Hybris,

---

69 Iago selbst stellt Othello vor Roderigo überwiegend negativ dar: Er wäre z. B. stolz, arrogant, eingebildet und pompös – I, 1, 12–15, was aber durch Othellos Auftreten später widerlegt wird.

3.4 Personenkonstellation und Charakteristiken

wäre zu leidenschaftlich oder krankhaft eifersüchtig. Othello bestätigt mit seinen letzten Worten, dass er „nicht weise, aber zu sehr
geliebt" habe und „nicht leicht eifersüchtig" sei: „Of one that lov'd
not wisely but too well: / Of one not easily jealous" (V, 2, 345/346).
Macht sich Othello da etwas vor („delusion")? Schließlich dauert
es auf der Bühne nur ca. zehn Minuten von Othellos völliger Über-
zeugung von Desdemonas Unschuld bis zu seiner Frage: „Warum
habe ich geheiratet?" Literaturkritiker sind sich nicht einig. Mancher wirft dem tragischen Helden Leichtgläubigkeit als Charaktereigenschaft („tragic flaw") vor. Durch den Mord an Desdemona
und den anschließenden Selbstmord wahrt Othello aber letztend-
lich sein Gesicht, stellt seine Ehre wieder her und darf auf jeden
Fall als „moralischer Held" gelten.

Iago

Othellos Antagonist Iago ist ein erfahrener Soldat, der mit Emilia   Erfahrener Soldat
verheiratet ist. Durchtrieben und gewieft hat er die Rolle des Böse-
wichts (engl. villain[70]) in *Othello* inne: ein ehrgeiziger, zynischer,
niederträchtiger und kaltblütiger Betrüger, Quäler und Mörder –
ein Ekel oder das personifizierte Böse. Das merken gewöhnlich
die Zuschauer und finden Iago äußerst unsympathisch[71], die Figuren im Stück erkennen Iagos wahres Wesen aber erst zu spät, denn
Iago kann charmant, umgänglich, gesellig, lustig und unterhaltsam
sein.

Iago hat etwas Unergründliches. Man erfährt eigentlich nichts
über ihn privat bzw. man kann sich nie sicher sein, ob das, was er
sagt, stimmt oder erfunden ist, denn er sagt selbst: „I am not what

----

70   Öfter liest man „Machiavellian villain" – ein Begriff, der auf den florentinischen Schriftsteller Nic-
      colo Machiavelli (1469–1529) zurückgeht, von dem 1513 *Il Principe* erschienen ist: ein Buch über
      Machterhalt unf Machtvergrößerung.
71   Sein Auftreten soll oft von Zischen, Beschimpfungen u. Ä. begleitet gewesen sein.

OTHELLO   69

1 SCHNELLÜBERSICHT	2 WILLIAM SHAKESPEARE: LEBEN UND WERK	3 TEXTANALYSE UND -INTERPRETATION

3.4 Personenkonstellation und Charakteristiken

I am." (I, 1, 65), und am Schluss verkündet er resolut: „From this time forth I never will speak word" (seine letzten Worte: V, 2, 305). Es ist schon sehr viel über **Iagos Motive** für seine gemeinen Taten gerätselt worden.[72]

→ Neid/Kränkung

Cassio ist an seiner Stelle befördert worden

Iago ist enttäuscht[73], verletzt und bitter: Er fühlt sich erniedrigt, weil er bei der Beförderung übergangen worden ist. Obwohl er der erfahrenere Soldat und älter ist, bekommt Cassio den Posten als Leutnant und nicht er. Das macht Iago wütend auf Othello, der Cassio ausgewählt hat, und neidisch auf Cassio. Seine Intrige führt zunächst tatsächlich dazu, dass Cassio abgesetzt wird und er an seine Stelle als Leutnant tritt.

Soziale Stellung

Neidisch könnte Iago auch auf Einfluss oder Macht oder sozial höher Gestellte sein bzw. er könnte eine Wut auf gesellschaftliche **Hierarchien oder Privilegien** („grudge against"/„resentment of privilege"[74]) allgemein haben, weil er nicht der höheren Schicht/Klasse angehört. Diese Wut lässt er an denen aus, die mächtiger oder höher gestellt sind als er. Ein Beispiel dafür wäre der Umgang mit dem Edelmann Roderigo, den er finanziell ausnimmt und für seine Zwecke missbraucht.

→ Eifersucht/Rache

Wurde Iago von seiner Frau Emilia betrogen?

Spricht Iago aus eigener Erfahrung, wenn er sagt, Eifersucht sei das grünäugige Monster, das das Fleisch verspottet, von dem es sich ernährt? „O, beware jealousy; / It is the green-ey'd monster, which doth mock / That meat it feeds on." (III, 3, 169–171) Sollen die ande-

---

72 „Motive-hunting": Was könnte Iago dazu veranlasst haben, so viele Menschen, und zuletzt sich selbst, ins Unglück zu stürzen?
73 Der Unzufriedene, „the malcontent", war eine typische Figur im elisabethanischen und jakobäischen Theater.
74 Honigmann, *Othello. The Arden Shakespeare*, S. 33.

3.4 Personenkonstellation und Charakteristiken

ren auch so leiden wie er? Iago vermutet, dass Othello ein Verhältnis mit seiner Frau Emilia gehabt habe.[75] Die Zuschauer können sich allerdings kaum vorstellen, dass Iagos Vermutung wahr ist. Othello ist nur in Desdemona verliebt, und wer eine Frau wie Desdemona haben kann, wird sich nicht mit jemandem wie Emilia abgeben. Außerdem erwähnt Iago, dass er selbst Desdemona begehrt: „I do love her too, / Not out of absolute lust" (II, 1, 288/289). Er vermutet außerdem, dass auch Cassio ihn mit Emilia betrogen habe.

Es gibt seit dem 20. Jahrhundert auch Vermutungen, dass Iago latent homosexuell und in Othello und/oder Cassio verliebt sei.[76] Durch die Ehe mit Desdemona sei Iago von Othello enttäuscht (und seine Lust unbefriedigt) und wolle sich an ihm rächen. Ebenso sei er enttäuscht, dass Cassio sich nicht (mehr) für ihn interessiert.[77] Dies zeigt aber, wie wenig über Iago bekannt wird und wie viel **Spielraum für Interpretationen** bleibt.

Versteckte Homosexualität?

Weitere mögliche Motive:
→ **Gefallen am Zerstören**: So wie es z. B. manchen Kindern Spaß macht, Sandburgen kaputtzumachen oder Bauklotz-Türme umzustürzen, so hat Iago evtl. Freude am „Spielen" mit und am Manipulieren (Macht) oder Vernichten von Menschen.
→ **Verachtung; Menschen- oder Rassenhass**: Iagos sexuelle Anspielungen am Anfang des Stückes und seine Begründungen, warum er Othello hasse, enthalten „ausländerfeindliche" Äußerungen, z. B. verachtet oder hasst Iago Ehrlichkeit, Unschuld, Tugend bzw. positive Werte allgemein.

---

75 „'twixt my sheets / He's done my office" (I, 3, 386); „the lustful Moor / Hath leap'd into my seat" (II, 1, 292/293); „Till I am even with him, wife, for wife" (II, 1, 296).
76 Schon 1935 gab es eine Inszenierung, die das so interpretierte. Vgl. Reclam-Nachwort, S. 166.
77 Für diese Behauptung gibt es allerdings keine konkreten Anhaltspunkte im Text, abgesehen davon, das seine Ehe mit Emilia nicht glücklich zu sein scheint – und nicht jede unglückliche Ehe hat Homosexualität als Ursache.

3.4   Personenkonstellation und Charakteristiken

- → **Hunger nach Macht**: Er möchte an Cassios Stelle sein und das ist die erste Aufgabe, die zu lösen ist.
- → **Intellektuelle Befriedigung am subtilen Schurkenstreich:** Iago hat sich die gesamte Intrige so gut ausgedacht, dass alle handelnden Personen darin verwoben sind und Iago – hätte Emilia geschwiegen – alle seine Ziele erreicht hätte.
- → **Habgier:** Iago will sich an Roderigo bereichern. Der Rest des Dramas wäre dann nur ein „Nebeneffekt" dieses Vorhabens, d. h. Desdemona, Cassio, Othello und Emilia sollen sterben, weil sie Iago sonst verraten könnten.
- → **Frauenfeindlichkeit** („mysogynous"; dt. frauenfeindlich): Iago hat keine gute Meinung von Frauen. Er sieht sie eher als Sexualobjekte, behandelt seine Frau Emilia schlecht und tötet sie schließlich sogar, weil sie ihn verraten hat.

Spontanität

Iago nutzt spontane Gegebenheiten. Er verfolgt **keine Langzeit-Strategie**. Einige Motive werden nur in Act I und Act II erwähnt, danach nicht mehr. Sie sind nicht offensichtlich oder vielleicht unbewusst und könnten auf ein in der Kindheit entwickeltes Minderwertigkeitsgefühl Iagos zurückgeführt werden, das Iago durch seine manchmal prahlerische, übertrieben selbstbewusste oder sich selbst beglückwünschende Art (z. B. „I know my price"; I, 1, 11) zu überspielen versucht. Bei solchen Überlegungen sollte man allerdings stets im Hinterkopf behalten, dass es sich bei den Figuren nicht um reale, sondern um fiktive Personen handelt. **Außerdem ist die Zahl der möglichen Motive Iagos so groß**, dass einige Kritiker meinen, sie stimmten alle nicht, und Iago habe gar kein Motiv. Er sei einfach von Natur aus böse („motive-less Malignity"[78]).

---

[78]   Vgl. Coleridge in Honigmann, *Othello. The Arden Shakespeare*, S. 33 f.

| 4 REZEPTIONS-GESCHICHTE | 5 MATERIALIEN | 6 PRÜFUNGS-AUFGABEN |

3.4 Personenkonstellation und Charakteristiken

Clever und gewitzt beobachtet Iago scharf und kennt seine Mitmenschen bzw. Opfer ziemlich gut. Er kann sich ihnen sogar sprachlich anpassen, und sie vertrauen und respektieren ihn. In der Rolle des guten Beraters und Freundes verfolgt Iago seine bösen Pläne als „Deceiver" (Täuscher). Dabei weiß er beispielsweise, dass Othello, wenn er ihm rät, etwas zu tun (zum Beispiel sich vor Eifersucht zu hüten), es gerade deswegen tut: Othello wird misstrauisch und eifersüchtig, obwohl Iago ihn davor warnt (vgl. III, 3). Gewisse schauspielerische Fähigkeiten und sein Talent im Improvisieren oder Inszenieren kommen ihm dabei zu Gute.

Diverse Rollen: Berater, Freund und Intrigant

Viele Kritiker finden Iagos Charakter – vielleicht auch weil seine wahren Motive im Dunkel bleiben – viel interessanter als den seines Gegenspielers, Shakespeare evtl. auch, denn er gab Iago im Drama deutlich mehr Text als Othello.

Interessanter Gegenspieler Othellos

Desdemona

Desdemóna (Betonung auf der dritten Silbe) ist die schöne, junge, begehrte[79] Tochter des Edelmannes Brabantio. Als Othellos treue, unschuldig getötete Ehefrau bleibt sie dem Publikum im Gedächtnis und steht für Unschuld und Gutherzigkeit. Sie unterstützt selbstlos und devot ihren Ehemann, obwohl sie ahnt, dass er sie töten wird. Bis zum Schluss beteuert sie vehement ihre Unschuld und wehrt sich gegen das Sterben. In einem letzten Hauch von Leben antwortet sie auf die Frage, wer sie umgebracht habe, sie sei es selbst gewesen. Desdemonas Tod schockiert und lässt schaudern. Er weckt Mitleid und macht das Drama zur Tragödie. Im Gespräch mit Emilia vor ihrem Tod bekräftigt Desdemona noch einmal ihre Unschuld, indem sie sagt, sie könne sich nicht vorstellen, dass es Frauen gebe, die ihre Männer so schlecht behandeln wie umgekehrt.

Gut und unschuldig

---

79   Sie hat schon etliche Heiratsanträge abgelehnt; vgl. I, 2, 67/68.

1 SCHNELLÜBERSICHT	2 WILLIAM SHAKESPEARE: LEBEN UND WERK	3 TEXTANALYSE UND -INTERPRETATION

3.4 Personenkonstellation und Charakteristiken

Ehrenmord

Ihre treu ergebene, aufopferungsvolle Rolle als Frau (Desdemona wird von manchen als eine Art **Schlachtopfer** gesehen) ruft heute Kritiker auf den Plan, die das Stück als nicht mehr zeitgemäß erachten. Nun ist Ehrenmord aber auch in unserer Zeit ein wichtiges Thema.[80] Auf den zweiten Blick ist Desdemona ein deutlich weniger eindimensionaler Charakter, wie die folgenden Ausführungen zeigen.

Heirat ohne das Wissen ihres Vaters

Zunächst einmal verliebt sich Desdemona in einen Fremden und Schwarzen und heiratet ihn gegen den Willen ihres Vaters Brabantio. Sie widersetzt sich damit dem strengen elterlichen und gesellschaftlichen Gehorsam, was allein schon viel **Mut** verlangt. Vor dem Hintergrund ständig aufkeimender Xenophobien (Ängsten vor dem Anderen/Fremden) bzw. fremdenfeindlicher oder rassistischer Tendenzen war dieser Schritt im damaligen Venedig (und England) äußerst unkonventionell und würde auch heute noch von vielen als mutig angesehen. Er kann als Ausdruck von Wahrhaftigkeit bzw. Akzeptanz der eigenen Gefühle, Toleranz und Weltoffenheit, aber auch als Ausdruck von Eigensinn, Abenteuerlust, Exzentrik oder rebellischem Geist[81] gedeutet werden.

Jugendliche Schönheit

Wissenschaftler gehen davon aus, dass man sich Desdemona als etwa 15 oder 16 Jahre alt vorstellen muss. In diesem Alter heirateten damals viele junge Mädchen[82] – oder wurden verheiratet. Als weitere Belege für die These von Desdemonas Jugend werden ihr Entschluss, etwas zu tun, was den Eltern missfällt und was von den damaligen Konventionen abweicht (z. B. einen Schwarzen zu lieben

---

80 Vgl. zum Beispiel www.sueddeutsche.de/panorama/umgang-mit-blutrache-mord-ist-keine-frage-der-ehre-1.1928178-2 oder www.islaminstitut.de/uploads/media/Ehrenmorde_01.pdf (Stand Sept. 2014).

81 Roderigo sagt beispielsweise, Desdemona habe „a gross revolt" (I 1, 135); dt: einen groben/ derben Aufstand gemacht, indem sie sich einem Fremden, dazu noch einem Schwarzen, hingegeben habe.

82 Vgl. auch Juliet in Shakespeares *Romeo and Juliet*.

3.4 Personenkonstellation und Charakteristiken

und zu heiraten), ihre „Abhängigkeit" von der erfahreneren Emilia, ihr etwas naiver jugendlicher Überschwang und die anfängliche „kesse" Art[83], ihr anfängliches Selbstbewusstsein und das fehlende Verständnis für Othellos Zorn[84] angeführt. Als Othello ihr durch Iagos Intrige seine Liebe entzieht (seiner Zuneigung war sie sich bis dahin immer sicher), durch seine ganze Veränderung und den Zorn, dessen Ursprung sie nicht kennt, **schwindet Desdemonas Selbstbewusstsein** zunehmend.

Desdemona ist offen, ehrlich, empathiefähig und hilfsbereit, was ihr zum Verhängnis wird. In seiner Verteidigungsrede vor dem Senat sagt Othello: „She lov'd me for the dangers I had pass'd" (I, 3, 167; dt. Desdemona habe ihn wegen der von ihm überstandenen Gefahren geliebt). Desdemona zeigt ihre Zuneigung zu Cassio, den sie wie einen Bruder mag, und setzt sich mit Nachdruck für ihn ein, wie sie es versprochen hat. Sie ist außerdem tief überzeugt, dass die Wiedereinstellung Cassios Othello gut tun werde. Deshalb gibt sie bei Othello nicht nach, was die Beziehung zunehmend belastet. Bei der Nachricht von Cassios vermeintlichem Tod verbirgt sie ihre Trauer nicht, was wiederum Othello von ihrer vermeintlichen „Schuld" überzeugt. Wäre Desdemona nicht so hilfsbereit und mitfühlend gewesen, hätte Iago sie nicht so für seine Pläne missbrauchen können.

Brüderliche Liebe für Cassio

Desdemona ist zum einen also **Opfer** der verschiedenen männlichen Figuren (Othello, Iago, Brabantio oder auch Roderigo) und deren Interessen in *Othello*. Zum anderen ist sie aber durchaus selbstbewusst und eigenständig, jedoch ihrem Mann trotz seiner schändlichen Tat treu ergeben. So antwortet sie auf Emilias Fra-

Selbstbestimmtes Opfer

---

83 Sie verteidigt ihre Entscheidung für Othello selbstbewusst und redegewandt vor dem Senat, was sich eine reifere, weniger hübsche und angesehene Frau damals vielleicht nicht getraut hätte.

84 Sie beginnt immer wieder von Cassio zu erzählen, obwohl Othello auf das Thema gereizt reagiert.

ge, wer sie getötet habe, loyal und Othello schützend: „Nobody, I myself, farewell: / Commend me to my kind lord, O, farewell!" (V, 2, 125 f.)

Michael Cassio[86]

Höflich und loyal

Cassio ist ein tüchtiger, loyaler, aber noch weitgehend **unerfahrener Soldat**. Er hat es geschafft, an Stelle von Iago von Othello zum Leutnant befördert zu werden. Der junge Florentiner ist höflich („courtesy"; vgl. II, 1, 99), ehrlich, gebildet[86], gut aussehend und galant und steht in einer (sexuellen) Beziehung zu Bianca.

Cassio mag und respektiert Othello und Desdemona und ist stets sehr höflich zu ihnen. Von der heimlichen Heirat zwischen seinem Dienstherrn und Desdemona scheint er aber nichts mitbekommen zu haben und wird erst von Iago darüber informiert (I, 2, 52 ff.). Cassio beteiligt sich nicht am anzüglichen Diskurs Iagos über Desdemona (II, 3, 13–23). Somit bleibt seine „Weste rein", er sündigt nicht.

Cassios verlorene Ehre

Aus **Höflichkeit und Anstand** lässt er sich von Iago anstiften, an dem Abend, an dem er Wache halten soll, auf Othellos Wohl anzustoßen und Alkohol zu trinken, obwohl er nicht viel verträgt.[87] Dass er bei Othello in Ungnade fällt – auf Iagos Geheiß hat Roderigo Cassio provoziert und dieser hat erst Roderigo und anschließend Montano verwundet –, ist für Cassio aufgrund seiner Auffassung von Anstand und Ehre so schrecklich, wie man es sich heute kaum vorstellen kann.[88] **Cassio bereut aufrichtig und schämt sich**. Deshalb kann er sich auch nicht selbst vor Othello rechtfertigen oder

---

85 Er ist der Einzige im Stück, der Vor- und Zunamen hat.
86 Iago nennt ihn einen „arithmetician", einen „Rechner" bzw. Mathematiker, in I, 1, 19.
87 Einem weniger höflichen Menschen hätte Iago wahrscheinlich nicht dazu bringen können, zu viel zu trinken.
88 Cassios Ehrverständnis ähnelt dem Othellos und war in der damaligen Zeit das gängige.

3.4 Personenkonstellation und Charakteristiken

später Othello unter die Augen treten, was Iago geschickt für seine Intrige nutzt.

Zu Cassios anständigem Charakter passt auf den ersten Blick nicht, dass er eine Geliebte mit zweifelhaftem Ruf – Bianca – an Stelle einer Ehefrau hat. Zudem äußert er sich über diese recht abfällig (vgl. IV, 1, 120 ff.). Diesen Widerspruch[89] scheint Shakespeare in Kauf genommen zu haben, um Othello den „sichtbaren Beweis" für Desdemonas Untreue zu liefern.

Beziehung zu Bianca

In seiner Verzweiflung über seinen Ehrverlust kann sich Cassio nicht vor Iagos Einfluss schützen, sondern befolgt dessen „gutgemeinte" Ratschläge (z. B. bei Desdemona in seiner Angelegenheit vorzusprechen) und passt sich ihm gelegentlich sogar an (z. B. behandelt er Bianca dann etwas grob; vgl. IV, 1, 145 ff.). Am Ende aber wird Cassios Ehre restlos wiederhergestellt und er nimmt **Othellos Platz als Gouverneur** von Zypern ein.

Wiederherstellung der Ehre

Roderigo

Roderigo ist ein ziemlich einfältiger, dümmlicher Edelmann, der Desdemona für sich gewinnen möchte und sich deshalb von Iago für dessen Intrige missbrauchen lässt. Roderigo wirkt oft komisch. Tölpelhaft zahlt er Iago immer wieder viel Geld und überlässt ihm Juwelen, damit dieser für ihn um Desdemona wirbt. Immer wieder merkt er, dass er damit keinen Erfolg hat, beschwert sich bei Iago, lässt sich immer wieder von ihm beschwichtigen und schöpft trotz aller Widrigkeiten naiv immer wieder die Hoffnung, Desdemona könne ihn doch noch erhören. Iago kann Roderigo allzu leicht beeinflussen, weil er schwach und in gewisser Weise unsicher und ängstlich ist.

Roderigo will Desdemona besitzen

---

89 Einen weiteren Widerspruch stellt die Tatsache dar, dass Iago über Cassio sagt, er sei „A fellow almost damned in a fair wife" – I, 1, 20, was aber auch heißen könnte, dass er attraktive weibliche Züge habe oder garantiere eine hübsche Frau „abbekommen" werde.

3.4 Personenkonstellation und Charakteristiken

Führt blind Iagos perfide Pläne aus

In seinem egoistischen, von Iago genährtem Streben nach Desdemonas Zuneigung[90] ist Roderigo penetrant und rücksichtslos und Iago blind ergeben. Er schert sich nicht darum, dass Desdemona Ehebruch begehen müsste, um ihn zu heiraten oder mit ihm zusammen zu sein. Er greift auf Geheiß Iagos Cassio an (obwohl er eher ein Angsthase ist) und ist schließlich sogar bereit zu morden, obwohl er nicht davon überzeugt ist, dass sein potenzielles Opfer den Tod verdient. In seiner Tölpelhaftigkeit schadet Roderigo seinen Gegnern stets viel weniger, als er es vor hat. Seine diffamierenden Äußerungen über Othello (vgl. I, 1, 127 ff.) entspringen Roderigos Neid und seiner Enttäuschung: Othello hat ihm die „Frau seines Lebens" weggeschnappt.

Roderigo versteht Zusammenhänge oder soziale Beziehungen im Allgemeinen falsch oder will sie nicht wahrhaben (z. B. dass Desdemona ihn gar nicht begehrt). Ferner ist er umständlich, nervig und unbeliebt. Oft hat er um Desdemonas Hand angehalten und ist von Brabantio abgelehnt worden: Brabantio hat ihm klipp und klar gesagt, dass er seine Tochter niemals bekommen werde. Brabantio hat ihm sogar untersagt, vor seiner Haustür herumzulungern („not to haunt about my doors", I, 1, 96) – Roderigo hält sich aber nicht daran. Fünf (!) „Anläufe" benötigt Roderigo, um Brabantio vom „Durchbrennen" Desdemonas mit Othello zu erzählen (I, 1, 93–107), und kommt noch immer nicht zur Sache. Also nimmt Iago die Angelegenheit selbst in die Hand.[91]

---

90   Eigentlich will Roderigo Desdemona nur besitzen.
91   Last but not least hat Roderigo auch die Funktion im Stück, die Zuschauer im Gespräch mit Iago über dessen Pläne und evtl. Motive zu informieren. Er belastet Iago (Cassio über Roderigo: „he spake, / After long seeming dead, Iago hurt him, / Iago set him on." – V, 2, 328/329).

3.4 Personenkonstellation und Charakteristiken

Man könnte meinen, Shakespeare mache sich mit der Figur Roderigo über reiche oder verwöhnte Leute lustig, die den Bezug zu „normalen" Menschen ein wenig verloren haben, sich überschätzen und mit Geld alles kaufen wollen.

Emilia

Emilia ist schon länger Iagos Ehefrau und seit ihrer Eheschließung Desdemonas Kammerzofe. Sie ist eine einfache, manchmal etwas derbe Frau (sie verwendet prose statt verse; vgl. Sprache S. 88). Emilias Ehe mit Iago ist offenbar nicht sonderlich glücklich. Emilia gehorcht zwar ihrem Mann normalerweise, aber sie lässt sich von ihm nicht alles gefallen. So wagt sie auch **Widerworte**, wenn er beispielsweise schlecht über sie oder Frauen im Allgemeinen spricht. Dieses eheliche „Frotzeln" ist für den Zuschauer recht amüsant (vgl. II, 1, 100 ff.).

Desdemonas Kammerzofe und Iagos Ehefrau

Emilia ist **Desdemona treu ergeben**, gibt ihrem Mann aber deren Taschentuch, weil er sie früher schon gebeten hat, dies zu stehlen. Offenbar kommt Emilia manchmal in einen **Loyalitätskonflikt** (Ehemann – Herrin/Gebieterin), was im Stück aber nicht explizit thematisiert wird. Viele Kritiker fragen sich deshalb, warum Emilia Iago das Taschentuch gibt, obwohl sie ahnen muss, dass ihr Mann nichts Gutes damit vorhaben kann. Offen bleibt auch die Frage, ob Emilia etwas von Iagos Intrige geahnt hat („Oh villainy! / I thought so then" – V, 2, 192/193) oder ob sie am Ende wirklich völlig überrascht wird („My husband?" – V, 2, 141 und 148).

Emilia übergibt Iago Desdemonas Taschentuch

Oft schimpft Emilia über Othellos Verhalten Desdemona gegenüber, was manche vermuten lässt, dass auch Emilia eine rassistische (oder nur männerfeindliche) Einstellung hat: Sie benutzt Farben, um ihre Abneigung auszudrücken (vgl. Kapitel 3.6) und wünscht, Desdemona wäre Othello nie begegnet. Shakespeare hat Emilia aber so konzipiert, dass sie als Typ nicht zu ernst genommen wird, wo-

Kritische Einstellung zu Othello

3.4 Personenkonstellation und Charakteristiken

durch Othello vom Publikum weiterhin positiv gesehen wird und die Wahrheit nicht zu früh ans Licht kommt.

Emilia hat gesunden Menschenverstand

Emilia ist stets bemüht, Desdemona zu trösten und ihr zu helfen. Intuitiv vermutet sie oft das Richtige, z. B. dass ein schrecklicher Unhold einen Plan ausgeheckt hat, Othello und Desdemona zu schaden, oder dass Othello unter Eifersucht zu leiden scheint. Sie wird aber von den anderen meist nicht gehört, vielleicht weil sie nur den **sozialen Rang einer Dienerin** hat. Dennoch zeugen solche Äußerungen von realistischer Wahrnehmung, Lebenserfahrung oder Pragmatismus und evtl. Einfühlungsvermögen. Emilia kann auch derb sein. Damit wird sie zu einer „foil" (Kontrastfigur) zu Desdemona: Die Gegensätze zu einer Person werden deutlicher im Aufwerten der anderen Person, z. B. wirkt Desdemona in ihrer Gegenwart noch unschuldiger und evtl. schöner.

Redegewandt und fortschrittliche Einstellung

Im Gespräch mit Desdemona vor deren Tod und dem „Willow Song", als Desdemona in ihrer Unschuld (und Naivität) sagt, sie könne sich nicht vorstellen, dass Frauen ihre Männer so schlecht behandeln könnten wie umgekehrt, widerspricht Emilia und führt aus, dass Frauen dies von ihren Männern lernen könnten, was für damalige Verhältnisse recht kühn und somit emanzipiert wirkt und **gesellschaftlich nicht akzeptiert** wurde. Hier zeigt Emilia ferner, dass sie redegewandt und geistreich sein kann und Humor hat. Auf Desdemonas Ausruf „No, by this heavenly light!" (IV, 3, 64) erwidert sie z. B. „Nor I neither, by this heavenly light, / I might do it as well in the dark." (IV, 3, 64 ff.) und deutet damit schelmisch Ehebruch an.

Emilia deckt Iagos Intrige auf und bezahlt dafür mit dem Tod

Emilia setzt sich im gesamten Stück besonders für ihre Herrin Desdemona ein und **beteuert deren Unschuld** fast noch heftiger als diese selbst. Am Ende ist es Emilia, die die Wahrheit ans Licht bringt („I speak true" V, 2, 251) und dafür vom eigenen Ehemann getötet wird.

3.4 Personenkonstellation und Charakteristiken

Brabantio

Brabantio ist **Desdemonas Vater,** ein reicher venezianischer Senator, dem seine Tochter bisher gehorsam war. Als er von ihrer heimlichen Heirat mit einem Schwarzen erfährt – und dies noch in schamverletzenden, unverschämten Anspielungen durch Iago –, reagiert er aggressiv, zutiefst enttäuscht, empört und rassistisch: **Desdemona müsse von Othello unter Drogen gesetzt oder verhext worden sein.** Niemals hätte sie von sich aus ihren Vater hintergangen oder sich in einen Schwarzen verliebt. Hätte er Desdemona doch nur dem indiskutablen Roderigo gegeben, als nun einen „Mohren" zum Schwiegersohn zu haben. Selbst vor dem Senat, der auf Othellos Seite steht, kann sich Brabantio kaum beruhigen. Er gibt dem jungen Paar seinen Segen nur widerwillig und warnt seinen frisch gebackenen Schwiegersohn, er möge sich hüten, denn Desdemona habe ihn, ihren Vater, betrogen und könne dies auch mit ihm, Othello, tun.

Angesehener venezianischer Edelmann

Brabantio stirbt später angeblich wegen Desdemonas Heirat: „[Desdemonas] match was mortal to him, and pure grief / Shore his old thread atwain" (V, 2, 206 f.). Sein Tod hat möglicherweise mit der von ihm empfundenen Schmach zu tun, seine Tochter, die ihm bisher stets treu ergeben war (vgl. Kapitel 2.2 Rolle der Frau), verloren zu haben bzw. so von ihr enttäuscht worden zu sein. Desdemona hat sich ihren Partner selbst gewählt und nicht auf ihren Vater gehört[92] und sie hat sich einen Schwarzen, einen gesellschaftlichen Außenseiter, ausgesucht. Indirekt hat sicher auch die von Iago inszenierte Schock-Information über das „Durchbrennen" des jungen Paares Brabantios Einstellung beeinflusst und seinen Tod begünstigt. **Brabantios Tod spielt aber keine große Rolle im Stück.** Er

Desdemonas Vater stirbt aus Kummer

---

92 Das ist zur damaligen Zeit ein respektloses Verhalten!

| 1 SCHNELLÜBERSICHT | 2 WILLIAM SHAKESPEARE: LEBEN UND WERK | 3 TEXTANALYSE UND -INTERPRETATION |

3.4 Personenkonstellation und Charakteristiken

wird eher beiläufig erwähnt (Desdemona denkt, Othello wäre evtl. wegen Brabantios Tod so verstimmt).

Othello war gern gesehener Gast in Brabantios Haus

Vor dem „Durchbrennen" der Liebenden hatte Brabantio nichts gegen Othello einzuwenden. „[Othello:] Her father lov'd me" (l, 3, 128). Brabantio lud Othello oft als Gast zu sich nach Hause ein. Vielleicht geschah dies aus echter Sympathie, vielleicht aus Neugier. Vielleicht wollte sich Brabantio fortschrittlich oder tolerant zeigen, vielleicht mit einem „Exoten" vor anderen Gästen prahlen oder für Unterhaltung sorgen. Wie dem auch sei, die sich entwickelnde Liebesbeziehung seiner Tochter mit Othello sah er nicht kommen und er hat davon nichts bemerkt. Dies charakterisiert ihn als eher unsensibel, was für Patriarchen damals aber nicht ungewöhnlich war.

Nebenfiguren

→ **Bianca** ist neben Desdemona und Emilia die dritte Frauenfigur in Shakespeares *Othello*, und ebenso wie diese nur Spielball der Männerfiguren. Sie wird als „Kurtisane"[93] bezeichnet und ist Cassios Geliebte.

→ **Montano** ist Statthalter von Zypern und damit Othellos Vorgänger dort. Er wird in den Streit zwischen Cassio und Roderigo verwickelt.

→ **Gratiano** ist Brabantios Bruder. Eine Figur gleichen Namens taucht auch in Shakespeares *Kaufmann von Venedig* auf.

→ **Lodovico** ist ein Verwandter Brabantios.

→ Der **Duke of Venice** (dt. Doge) ist das Oberhaupt der Republik Venedig und vermittelt zwischen Brabantio und Othello, nachdem dessen Hochzeit mit Desdemona publik wird.

---

93 Mätresse oder auch Hure. Vgl. Dramatis Personae.

3.5 Sachliche und sprachliche Erläuterungen

3.5 Sachliche und sprachliche Erläuterungen

Die meisten Schülerausgaben von *Othello* enthalten am Rand oder unter dem Text zumindest die notwendigsten Angaben zum Verständnis der Sprache und des Inhalts, oft sogar in deutscher Übersetzung, so etwa die in diesem Band zitierte Ausgabe. Im diesem Kapitel werden einige Angaben ergänzt oder vertieft.

ZUSAMMEN-FASSUNG

Shakespeares Sprache ist zunächst für die meisten Leute eher abschreckend, weil sie schwer zu verstehen ist; besonders für Schüler, auch wenn sie Englisch-Leistungskurs gewählt haben oder Muttersprachler sind. Und oft sogar selbst für Englischlehrer – auch wenn sie es vielleicht nicht zugeben. Kein Wunder: Shakespeares Englisch ist „**Early Modern English**" (dt. Frühneuenglisch). Aber: Es ist dem heutigen Englisch nicht unähnlich.

Frühneuenglisch

Manche Wörter, die Shakespeare benutzt, gibt es zwar heute nicht mehr oder sie sind veraltet. Aber an viele von ihnen gewöhnt man sich schnell. Obsolete Wörter sind im Allgemeinen am Rand erklärt.

Obsolete Wörter

Gelegentlich bereiten Wörter Schwierigkeiten, die es heute noch gibt, die aber eine **andere Bedeutung** haben. Zum Beispiel der Begriff „fashion": „[Iago: ...] I will fashion to fall out between twelve and one" (IV, 2, 237). Heute kennen wir das Wort im Deutschen besonders in der Bedeutung „Mode", damals hieß es auch „einrichten": Ich werde es einrichten, zwischen 12 und 1 zu erscheinen. Ein weiteres Beispiel wäre das Wort „home": „[Cassio:] He speaks home [...]." (II, 1, 165). „Home" wird heute vor allem mit der Bedeutung „zu Hause" oder „nach Hause" übersetzt, damals konnte

Wörter mit anderer Bedeutung

OTHELLO

83

| 1 SCHNELLÜBERSICHT | 2 WILLIAM SHAKESPEARE: LEBEN UND WERK | 3 TEXTANALYSE UND -INTERPRETATION |

3.5   Sachliche und sprachliche Erläuterungen

es aber auch „unverblümt" heißen. Oder der Bergiff „suit": „[Roderigo: …] I will give over my suit […]" (IV, 2, 201) – heute in der Bedeutung von „Anzug", „Prozess" oder „Verfahren" u. a., damals vorrangig „Werbung für eine Heirat".

Wortneu-schöpfungen

Es gab zu Shakespeares Zeit noch keine Wörterbücher oder streng festgelegte sprachliche Regeln für Satzbau und Wortschatz, sodass Dichter und Dramatiker **neue Wörter erfanden** („fair play", „bedroom", „lonely", „gossip" und „blanket" sind übrigens ebenso wie vermutlich „green-eyed" Erfindungen Shakespeares[94]) und viel **mit Wörtern spielten**, ihnen z. B. mehrere Bedeutungen gaben. Wörter konnten zu Shakespeares Zeit problemlos durch Präfixe ins Gegenteil verkehrt oder zu neuen Verbindungen zusammengesetzt werden: beispielsweise „unhoused" (I, 2, 26; dt. ungebunden), „Bond-slaves" (I, 2, 99; dt. Leibeigene), „bewhor'd" („[Emilia: …] my lord hath so bewhor'd her"; VI, 2, 117; dt. Er hat sie eine Hure genannt) oder „disrelish" (II, 1, 232; dt. sich ekeln). Wörter konnten einfach die Wortart wechseln, so beispielsweise „charm" (Substantiv und Verb).

Altertümliche Endungen

Des Weiteren haben manche Verben bei Shakespeare noch **altertümliche Endungen**, wie zum Beispiel:

→ „Thou dost belie her" (V, 2, 134) statt „you lie to her / deceive her"

→ „Thou art" (I, 1, 118) statt „you are" oder

→ „be'st" („if thou be'st a man", V, 2, 173) statt „are" (if you are a man).[95]

---

94   Vgl. http://www.nosweatshakespeare.com/resources/shakespeare-phrases/ (Stand Sept. 2014): „tranquil" und „hint", auch Erfindungen Shakespeares, sollen aus *Othello* stammen. Insgesamt soll Shakespeare über 1700 noch heute gebräuchliche Wörter erfunden haben. Siehe auch: http://www.unique-online.de/kolumne-shakespeare/6600/ (Stand Sept. 2014).

95   Weitere Beispiele: „said'st", „told'st me", „mak'st".

| 4 REZEPTIONS-GESCHICHTE | 5 MATERIALIEN | 6 PRÜFUNGS-AUFGABEN |

3.5 Sachliche und sprachliche Erläuterungen

Oder die **Satzstruktur** ist anders: „how lost you company?" (II, 1, 91) wäre heute falsch und müsste „How did you lose them?" heißen. Oder: „weepest thou for him to my face" (V, 2, 78) wäre „Do you cry for him in front of me" und „Didst thou not see her" (II, 1, 251) müsste „Didn't you see her" heißen. Grammatik und Satzstruktur der damaligen Zeit waren einfach flexibler. Mit der **Rechtschreibung** nahm man es auch nicht so genau. Shakespeare selbst schrieb verschiedene Male bei der Unterschrift seinen Namen anders.[96] Die Rechtschreibung ist in heutigen Shakespeare-Ausgaben allerdings bereinigt, also der gängigen Norm angepasst. In der nachfolgenden Tabelle finden sich einige der am häufigsten gebrauchten Vokabeln aus *Othello*:

Veränderte Satzstruktur und Rechtschreibung

SHAKESPEARE-ENGLISCH	MODERNES ENGLISCH	ÜBERSETZUNG/BEISPIEL
Pronomina:		
thee		Du/Sie/Dich
thine		Dein/e
thou		Du/Sie
thy		Dein/Ihr
Verben[97]:		
art	are	sein/bist/sind
beseech		jmd. anflehen (etwas zu tun)
didst	you did/did you?	
doth/dost	does/did	Hilfsverb (z. B. III, 3, 97: „why dost thou ask?"

───

96 Unter der Erwähnung der Erstaufführung von *Othello* steht Shakespeare so geschrieben: „Shaxberd" (1604 Revels Office Account).

97 Die zweite Person (Singular und Plural) und die dritte Person Plural sind oft identisch, z. B. think'st ? / Denken Sie?/Denkst Du?/Denkt Ihr?

| 1 SCHNELLÜBERSICHT | 2 WILLIAM SHAKESPEARE: LEBEN UND WERK | 3 TEXTANALYSE UND -INTERPRETATION |

3.5 Sachliche und sprachliche Erläuterungen

SHAKESPEARE-ENGLISCH	MODERNES ENGLISCH	ÜBERSETZUNG/BEISPIEL
hast	you have/have you?	
hath	have	
is't	is it?	
liest	you lie/do you lie	Du liegst/lügst oder: liegst/lügst Du?
methinks	I think/I believe	
shalt	shall	sollst/sollen
think'st or thinkest	Do you think?	Denkst Du?
'tis	it is ('twill it will	
wilt	'twill it will, 'twas – it was, 'twere – it were oder was)	wirst Du/werden Sie/Du willst/Sie wollen
Redewendungen:		
I charge thee		Ich beauftrage jdm. (etwas zu tun)
I pray thee		Ich bitte Dich
call him/come hither		ruf/rufen Sie ihn/komme (hier)her
charm your tongue		halt/halten Sie den Mund
get thee gone		verschwinde
go to		lass sein/ach geh?
take heed	shall	etwas beherzigen, auf etwas achten, sollst/sollen
I warrant you		Ich garantiere Dir/Ihnen. Ich warne Dich/Sie
Sonstiges:		
alas		weh mir/uns, leider
ay		ja

| 4 REZEPTIONS- | 5 MATERIALIEN | 6 PRÜFUNGS- |
| GESCHICHTE | | AUFGABEN |

3.5   Sachliche und sprachliche Erläuterungen

SHAKESPEARE-ENGLISCH	MODERNES ENGLISCH	ÜBERSETZUNG/BEISPIEL
ere, e'er		bevor/ehe, eher
fie (upon)		pfui
hark		höre/pass auf; z. B. V, 2, 248: „Hark, canst thou hear me?"
nay	no	nein
ne'er	never	niemals
o'er	over	
on't	on it	
strumpet		Nutte, Hure
villain		Bösewicht, Verbrecher, Schurke
you do me wrong		Du tust/Sie tun mir Unrecht.

| 1 SCHNELLÜBERSICHT | 2 WILLIAM SHAKESPEARE: LEBEN UND WERK | 3 TEXTANALYSE UND -INTERPRETATION |

3.6 Stil und Sprache

3.6 Stil und Sprache

ZUSAMMEN-FASSUNG

Shakespeares Sprache verbreitet seit jeher einen eigenen Zauber und beeindruckt in *Othello* durch:
→ Bilder (Metaphern und Vergleiche),
→ Dominanz einzelner Wortfelder und
→ dramatische Ironie.
Das folgende Kapitel geht auch auf die von Shakespeare verwendeten Stilmittel ein.

Blankverse und Prosa

Soziale Unterschiede durch Sprache

Shakespeare verwendet auch bei *Othello* überwiegend **Blankverse** (engl. blank verse). Blankverse – von engl. und deutsch „blank": ohne Verzierung, d. h. ohne Reim – sind **ungereimte jambische Pentameter.**[98] Manchmal benutzt Shakespeare auch Prosa (engl. „**prose**": nicht gedichtete Sprache, die wie damals gesprochene Alltagssprache klingt).

Figurensprache

Die von Shakespeare verwendete Sprache stellt im Stück auch die soziale Stellung und somit auch die Macht- und Herrschaftsverhältnisse dar. Prosa wird von weniger gebildeten Charakteren oder in alltäglicheren oder „primitiveren" Situationen verwendet. So sprechen Emilia (z. B. IV, 3) und auch Roderigo (IV, 2 u. a.) „prose". **Othello** dagegen spricht zu Beginn **herrschaftlich und poetisch in Blankversen**. Doch im Laufe der Zeit macht sich seine Unsicherheit über die Treue seiner Frau auch in der verwendeten Sprache bemerkbar (vgl. S. 90). Iago wechselt bewusst zwischen

---

98   Pentameter: fünfhebige Verszeile, jede zweite Silbe von insgesamt zehn Silben ist betont.

88   WILLIAM SHAKESPEARE

4 REZEPTIONS-GESCHICHTE	5 MATERIALIEN	6 PRÜFUNGS-AUFGABEN

3.6 Stil und Sprache

Prosa und Blankvers, da er sich jeweils auf sein Gegenüber und die entsprechende Situation einstellt.

Iagos Taktik in der Sprache

Wie Iago seine Opfer sprachlich überzeugt oder manipuliert, verdient näher untersucht zu werden, denn es macht das Drama im Wesentlichen aus:

Manipulation

→ Iago beginnt schleichend und heimtückisch mit **Fragen** (vgl. III, 3, 95, 102 ,105, 109, 139–145).

→ **Pausen und Parenthesen**[99] (unfertige Sätze sind durch Gedankenstriche oder Kommata im Text erkennbar, vgl. III, 3, 94, 128/129, 148–158). Othello spricht Iago selbst auf dieses Stilmittel der Pausen an: III, 3, 124.

→ **Ausweichende Antworten**, vage Andeutungen (z. B. III, 3, 129) oder „Rückzieher" (z. B. III, 3, 230, 248/249), die Othello ungemein auf die Folter spannen.

→ **Wiederholungen/Echo** (z. B. III, 3, 102, 105, 109/110), welche Othello – wie bei den Pausen –, erkennt: „he echoes me" (III, 3, 110).

→ **Penetrantes Nachhaken**, zum Beispiel: „I do see you're moved" (III, 3, 221). Und dann: „I see you're moved" (III, 3, 228).

→ Dehnbare bzw. **mehrdeutige Begriffe** wie „honest" oder „think". Diese Verwendungen führen unweigerlich und gewünscht zu Missdeutungen (u. a. bei Othello).

Wenn er seine Opfer überzeugt hat, geht der Bösewicht („villain") direkter und eindeutiger mit ihnen um. Dann gibt er u. a. **Befehle**, hier zu Othello: „Stand you awhile apart, / Confine yourself (…) encave

Imperative

---

99 Paranthese: Satz mit Einschub.

OTHELLO

3.6 Stil und Sprache

yourself, / And mark the jeers, (…) mark his gesture" (IV, 1, 75–88). Oder zu Roderigo: „(…) stand… / Wear … put … / And fix" – V, 1, 1–5).

Iagos Sprache färbt auf die anderen ab, d. h. deren Sprache **verändert sich durch Iagos Einfluss**. Cassio, Montano und Othello fluchen beispielsweise mit „Zounds" (II, 3, 139, 156 und 199) wie Iago am Anfang des Dramas (I, 1, 108), greifen seine Worte auf (z. B. Othello: „Is't possible?" – IV, 2, 89) oder verwenden Schimpfwörter wie „bawd" (IV, 2, 20; dt. Bordellbesitzer). Selbst die Satzlänge der Beeinflussten verkürzt sich.

Iagos sprachlicher Einfluss auf Othello

Othellos Sprache, die eigentlich elegant und poetisch ist, die exotische Bilder malt, ist zwischendurch unzusammenhängend, kalt und grausam, ähnlich zerstört oder zerrüttet wie die Beziehung der Eheleute. Bei seinem körperlichen Zusammenbruch (epileptischer Anfall) bricht auch Othellos Sprache nahezu zusammen (vgl. IV, 1, 35–44): Ausrufe, kurze Äußerungen, veränderter Satzbau, Wortwiederholungen, Satzanfänge mit „And"; Othello spricht mal mit Desdemona, mal mit Lodovico, die Zerrissenheit Othellos wird hier besonders deutlich. Am Ende des Stücks, wenn Othello die Wahrheit herausfindet, kehrt er zu seiner ihm anfänglich eigenen sprachlichen Form und Größe zurück (vgl. V, 2, 260–282; sein eigener Nachruf V, 2, 338–357).

Ironie

Dramatische Ironie/dramatic irony

Shakespeares *Othello* quillt förmlich über vor „**dramatic irony**" (dt. dramatische Ironie): Der Zuschauer weiß etwas über die Personen oder die Handlung auf der Bühne, **was die Charaktere im Stück nicht wissen**. Da Iago gleich zu Anfang seine Pläne offenbart (gegenüber dem Zuschauer durch Monolog), hat danach nahezu jeder Satz von ihm Ironie oder eher „dramatic sarcasm". Auch Aussa-

90   WILLIAM SHAKESPEARE

gen der anderen Personen im Stück tragen dramatische Ironie in sich: Hier lassen sich als Beispiel folgende Szenen über den „honest Iago" anführen:

Honest Iago

→ Iago über sich selbst: „As honest as I am" (II, 1, 199)

→ Cassio über Iago: „I never knew / A Florentine more kind and honest" (III, 1, 40/41)

→ Desdemona zu Cassio: „(…) For thy solicitor shall rather die/ Than give thy cause away."(III, 3, 27/28)

→ Lodovico über Othello: „I am sorry that I am deceiv'd in him." (IV, 1, 282)

Wortfelder und Bilder

Shakespeare verwendet in *Othello* wiederholt einzelne Wortfelder, arbeitet mit Tier-Metaphern und vielen Bildern (Metaphern und Vergleiche).

Himmel und Hölle: weiß und schwarz

Gegensätze bzw. Kontraste und die Verkehrung der ursprünglichen Bedeutung (Fachausdruck: Denotation) finden sich häufig in *Othello*. Beispiele dafür sind u.a.:

Sprachliche Kontraste

→ Duke zu Brabantio: „Your son-in-law is far more fair than black." (I, 3, 290)

→ Der weiße Iago ist der „demi-devil" (V, 2, 302) und „damned villain" (V, 2, 317), der sich selbst und seine Pläne als teuflisch bezeichnet („Hell and night / Must bring this monstrous birth to the world's light"; I, 3, 402) und den Othello am Ende nicht tötet, sondern nur verwundet: „If that thou be'st a devil, I cannot kill thee." (V, 2, 288).

Iago selbst aber arbeitet ironischerweise auch mit den Bezeichnungen „Teufel", „Himmel" u. Ä., um seinen Opfern zu schaden

| 1 SCHNELLÜBERSICHT | 2 WILLIAM SHAKESPEARE: LEBEN UND WERK | 3 TEXTANALYSE UND -INTERPRETATION |

3.6 Stil und Sprache

oder sie zu täuschen. Iago erzählt Brabantio, der Teufel (gemeint ist Othello) werde ihn zum Großvater machen (vgl. I, 1, 91), und er fragt Othello, welche Freude Desdemona haben sollte, „to look on the devil" (III, 1, 225; wegen Othellos Hautfarbe). Er kümmert sich scheinheilig um Othellos seelische Gesundheit (vgl. III, 3).

Iagos Opfer merken zunächst nichts von dessen Intrige und verdächtigen einander gegenseitig: Emilia beschimpft Othello als „blacker devil"(V, 2, 132) und Othello meint, Desdemona hüte das Tor zur Hölle und gehöre dorthin (vgl. IV, 2, 90–94). Nur Desdemona tut niemandem Unrecht. Sie weiß: „I shall be saved" (IV, 2, 85) und betet „O heaven forgiveness" (IV, 2, 89) u. Ä. Und selbst die Namen in *Othello* verweisen teilweise auf die Hölle / engl. hell: OtHELLo und DesDEMONa.[100]

Eifersucht und Ehre

Engl. honest

Da es in *Othello* primär um sexuelle Eifersucht und Ehrenmord als Folge geht (vgl. auch 3.7), verwundert es nicht, dass das entsprechende Wortfeld im Drama dominiert: Allein etwa 50-mal fällt der Begriff „honest". Aber es kommen auch diffamierende Ausdrücke vor wie:

→ „whore": z. B. IV, 2, 74, 88 und 122,

→ „mistress" (Mätresse; Anrede einer Prostituierten im Bordell): IV, 1, 250; IV, 2, 27; IV, 2, 92

→ „procreants" (mit Sex beschäftigte Leute): IV, 2, 28

→ „pranks" (sexuelle Handlungen/Streiche): II, 1, 142; III, 3, 206

→ „strumpet" (IV, 2, 83/84 und 88).

Sexuelle Bilder

Iago kostet es aus, **Bilder von Desdemonas angeblicher Untreue** in Othellos Kopf entstehen zu lassen. Zum Beispiel dass andere

---

100 Vgl. u. a. Celia R. Daileader: *Racism, Misogyny, and the Othello Myth*. New York: Cambridge University Press, 2005. S. 24.

„cope your wife" (IV, 1, 87; cope; dt. kopulieren) oder sie „toppen"
(„topp'd"; III, 3, 402: d. h. sie „decken"/mit ihr Sex haben). Auch
gegenüber Brabantio arbeitet er mit einem derartigen Bild: „(...)
yor daugh- / ter, and the Moor, are now making the beast with / two
backs." (I, 1, 116–118; vgl. auch Tierbilder).

Die Schmach, von seiner Frau hintergangen zu werden, spiegelt sich im Text in Ausdrücken wie „cuckold" (III, 3, 171) oder
„horned man" (IV, 1, 62; Othello: „A horned man's a monster, and
a beast"). Iago stichelt gezielt, um Othello in seiner Männlichkeit
zu kränken. So folgt kurz hinereinander: „bear your fortune like a
man" (IV, 1, 63), „be a man" (IV, 1, 66), „a passion most unsuiting
such a man" (IV, 1, 78) und „patience, / Or I shall say you are all in
all in spleen, / And nothing of a man" (IV, 1, 88–89). Bei anderer Ge-
legenheit tut Iago ganz aufgeklärt (hier, um Roderigo hinzuhalten):
„But we have reason to cool our raging motions, our carnal strings,
our unbitted lusts" (I, 3, 331/332; carnal: fleischlich/sinnlich, unbitted: ungezähmt) – **je nachdem, wie er es gerade für seine Pläne
benötigt**.

> Gehörnter Mann hat seine Ehre verloren

Tierbilder

Eng an Sexualität sind viele im Drama verwendete Tierbilder gebunden: Gleich in der ersten Szene beschreibt Iago Brabantio die
Beziehung seiner Tochter zu Othello derb als „beast with two backs"
(I, 1, 116–118; vgl. oben). Othello benennt er als „Barbary horse" (Berber-Pferd, I, 1, 111/112) und als „old black ram" (Widder,
I, 1, 88), der seine „white ewe" (Mutterschaf, I, 1, 89) deckt. Diese Äußerungen sollen verletzen. Sie werten Othellos Hautfarbe ab,
indem sie ihn als **lüstern oder sexbesessen** darstellen, und scho-
ckieren den aus dem Schlaf gerissenen Vater.

> Sexualität der Tiere

Iago tut manchmal so, als schaue er auf lüsterne Menschen her-
ab („prime as goats, as hot as monkeys"; III, 3, 409; „change my

> Triebhaftigkeit

| 1 SCHNELLÜBERSICHT | 2 WILLIAM SHAKESPEARE: LEBEN UND WERK | 3 TEXTANALYSE UND -INTERPRETATION |

3.6 Stil und Sprache

humanity with a baboon"; I, 3, 316), dabei spricht er selbst davon, Desdemona zu begehren. Othello greift die Worte Iagos auf, als er, von der „Untreue" seiner Frau überzeugt, nach seinem Zusammenbruch „Goats and monkeys!" (IV, 1, 264) ruft. Er hält Desdemona für so ehrlich wie „summer flies … in the shambles" (IV, 2, 67) – wie Sommerfliegen im Schlachthaus!

Weitere Tierbilder sind der Hund, den Othello heraufbeschwört, als er von einem Türken als „circumcised dog" (V, 2, 356 – dt. beschnittener Hund) spricht. Auch Iago wird von Roderigo als „inhuman dog" (V, 1, 62) beschimpft, als er diesen tötet. Und Roderigo selbst kommt sich zu Beginn vor wie ein Hund, „not like a / hound that hunts, but one that fills up the cry" (II, 3, 356/366).

Verstärkte Darstellung der Gefühle

Ferner wird Othello wie ein Esel (II, 2, 306) an der Nase herumgeführt, und die Erinnerung an sein Taschentuch in Cassios Händen vergleicht er mit einem Raben als Todesboten auf einem verseuchten Haus (IV, 1, 21). Othello möchte lieber eine Kröte sein (III, 3, 274) oder sieht die Ehebrecher als kopulierende Kröten (IV, 2, 60/61). Iago spinnt wie eine „Spinne" ein Netz, in dem er Cassio als „Fliege" fangen will (II, 2, 168/169). An anderer Stelle ist er eine „viper" (V, 2, 286) und Emilia schwört mit „serpent's curse"(IV, 2, 16; Schlangenschwur), dass Desdemona unschuldig sei, bevor sie im Sterben „den Schwan spielt" (V, 2, 248). Die Tierbilder in *Othello* verdeutlichen die **Gefühle der Figuren** und verstärken den tragischen Ausdruck.

Gift

„Giftspritze" Iago

Das Gift-Wortfeld wird hauptsächlich im Zusammenhang mit **Iagos Intrige** genannt. Iago „vergiftet" die anderen („pour this pestilence into his [Othello's] ear"; II, 3, 349) und verdirbt ihnen den Spaß („poison his delight"; I, 1, 68: hier trifft es Brabantio). Die Eifersucht, die Iago streut, wirkt wie ein Gift:

94   WILLIAM SHAKESPEARE

| 4 REZEPTIONS-GESCHICHTE | 5 MATERIALIEN | 6 PRÜFUNGS-AUFGABEN |

3.6 Stil und Sprache

> „The Moor already changes with my poison: / Dangerous conceits
> are in their natures poisons, / Which at the first are scarce found
> to distaste, / But with a little act upon the blood / Burn like the
> mines of sulphur (…)" (III, 3, 330–334).[101]

Gift kann im Text ein Symbol für Othellos korrumpierte Seele sein
oder für die Art seiner Manipulation: Heimlich, schnell und tödlich.
Iago selbst spürt das Gift auch, wenn er sich Emilia und Othello im Bett vorstellt. „Doth like a poisonous mineral gnaw my in-
wards, / And nothing can, or shall content my soul, / Till I am even
with him (…)." (II, 1, 294/295). Othello seinerseits will auch zum
realen Gift greifen, um Desdemona zu töten (IV, 1, 204). Zynisch
nennt Iago sein „Gift" auch „medicine" (IV, 1, 46). Am Ende wird
aber er, die „viper" (vgl. Schlangen-Metaphorik S. 94), unschädlich
gemacht.

Bei Othello wirkt das Gift der Eifersucht

Wortspiele
Othello enthält einige lustige Passagen, in denen Wortspiele (engl.
puns) vorkommen. Diese Wortspiele lassen sich z. T. nicht über-
setzen. Sie sind witzig und oft ein Mittel des „comic relief" (vgl.
Kapitel 3.3, S. 60 f.). Nachfolgend einige Beispiele:

Puns

→ Desdemona: „Do you know, sirrah, where the Lieu- / tenant
  Cassio lies?" (III, 4, 2) Clown: „I dare not say he lies any where." (III, 4, 3) **Erklärung:** Sie meint „lies" im Sinne von „liegen/
  wohnen" und der Clown versteht absichtlich falsch „lügen".
→ Cassio: „Dost thou hear my honest friend?" Clown: „No, I hear
  not your honest friend, I hear you." (III, 1, 21/22)

---

101 Dieses Zitat ist auch ein Beispiel für das Stilmittel Vergleich.

| 1 SCHNELLÜBERSICHT | 2 WILLIAM SHAKESPEARE: LEBEN UND WERK | 3 TEXTANALYSE UND -INTERPRETATION |

3.6 Stil und Sprache

→ Iago sagt, er lernte das Lied in England „where indeed they are / most potent in potting" (II, 3, 72/73).[102] **Erklärung:** „potent" (dt. mächtig und geschlechtsfähig) im Gegensatz zu „potting"(dt. Saufen und Sex).

Stilmittel

SPRACHLICHES MITTEL	ERKLÄRUNG	TEXTBELEG
alliteration	Alliteration: Lautwiederholung (meist Konsonanten) am Wortanfang mehrerer aufeinanderfolgender Wörter	Othello: „demand that demi-devil / Why he …" (V, 2, 303); Iago: „he drinks … your Dane / dead drunk" (II, 3, 77/78); Iago: „we work by wit and not by witchcraft" (II, 3, 365)
allusion / inter-textuality	Anspielung / Intertextualität (Bezug auf andere Texte; z. B. Sprichwörter, Gedichte, Figuren der Mythologie)	Cassio: „had I as many mouths as Hydra" (II, 3, 297)
anaphora	Anapher (Wiederkehr desselben Wortes am Anfang aufeinanderfolgender Sätze)	Iago: „Long live she so, and long live you to think so!" (III, 3, 230)
chiasmus	Chiasmus (Überkreuzstellung von Satzteilen)	Iago: „We cannot all be masters, nor all masters / Cannot be truly follow'd." (I, 1, 43)
contrast	Gegensatz	Desdemona: „Kill me to-morrow, let me live to-night." (V, 2, 81); Emilia: „O, the more angel she, / And you the blacker devil!" (V, 2, 132)

--- ---

102 Hier findet sich gleichzeitig das Stilmittel der Alliteration.

4 REZEPTIONS-GESCHICHTE	5 MATERIALIEN	6 PRÜFUNGS-AUFGABEN

3.6 Stil und Sprache

SPRACHLICHES MITTEL	ERKLÄRUNG	TEXTBELEG
enumeration	Aufzählung	Iago: „Nor for my manhood, honesty or wisdom (…)" (III, 3, 157)
epigrams	Epigramme: kurze witzige Gedichte, oft mit überraschendem Ende, die zur Shakespeare-Zeit sehr beliebt waren	Von Iago für Desdemona: „She that was ever fair, and never proud …" (II, 1, 148–160)
epiphora	Wiederkehr eines Wortes oder Satzteils am Ende einer Phrase aufeinanderfolgender Sätze	Iago: „Long live she so, and long live you to think so!" (III, 3, 230; auch anaphora)
foreshadowing	Vorahnung, Vorausdeutung	Othello: „If it were now to die, / 'Twere now to be most happy (…)" (II, 1, 188/189); Desdemona zu Cassio: „(…) thy solicitor shall rather die / Than give thy cause away" (III, 3, 27/28)
hyperbole or exaggeration	Übertreibung	Cassio über Desdemona: She „excels the quirks of blazoning pens, / And … / Does bear all excellency" (II, 1, 63–65); Cassio: I am hurt „past all surgery" (II, 3, 252/253).
malapropism	Malapropismus (falsch gebrauchte Wörter; Kunstgriff benannt nach einer Mrs. Malaprop aus Richard Sheridan's Drama *The Rivals* (1775), die Wörter durcheinandergebracht hat)	Roderigo: „I will incontinently drown myself" (I, 3, 305). **Erklärung:** Roderigo verwendet „incontinently" (Harninkontinent) statt „immediately" (sofort). Roderigo kann sich nicht beherrschen und beherrscht die Sprache nicht – der Witz geht auf seine Kosten.

1 SCHNELLÜBERSICHT	2 WILLIAM SHAKESPEARE: LEBEN UND WERK	3 TEXTANALYSE UND -INTERPRETATION

3.6   Stil und Sprache

SPRACHLICHES MITTEL	ERKLÄRUNG	TEXTBELEG
metaphor	Metapher: Vergleich ohne „wie" oder „als" (engl. „as" / „like")	Iago: „Good name … / Is the immediate jewel of our souls" (III, 3, 159/160); Iago: „(…) our bodies are gardens, … " (I, 3, 321–333);
onomatopoeia	Lautmalerei	„The wind-shak'd surge, with high and monstrous maine (…)" (II, 1, 13/14)
paradox/ oxymoron	Paradox / Oxymoron: ge-gensätzliches Begriffspaar	Iago: „Divinity of hell!" (II, 3, 343)
personification;	Personifizierung: Ver-menschlichung einer Sache)	„The chiding billow seems to pelt the clouds (…)." (II, 1, 12); Cassio: „O thou invisible spirit of wine, if thou hast no na-me, / to be known by, let us call thee devil!" (II, 3, 282/283; auch direct address/direkte Ansprache/Anrede)
similie	Vergleich mit „wie" oder „als" (engl. „as" / „like")	Iago: „[The Moor] will as ten-derly be led by the nose … / As asses are." (I, 3, 400/401): Othello wird sich wie Esel an der Nase herum führen lassen; Othello. „she was false as water" (V, 2, 134); Emilia: „Thou as rash as fire (…)." (V, 2, 135)

4 REZEPTIONS-GESCHICHTE	5 MATERIALIEN	6 PRÜFUNGS-AUFGABEN

3.6 Stil und Sprache

SPRACHLICHES MITTEL	ERKLÄRUNG	TEXTBELEG
symbol	Symbol	Das dominanteste Symbol im Stück ist „the handkerchief" (Taschentuch), das für Desdemonas Reinheit bzw. Treue steht, aber auch für Täuschung, Betrug und fehlende Erkenntnis. „The Willow Song" (willow tree/ Trauerweide) ist auch ein wichtiges Symbol in *Othello*: Desdemona singt dieses Lied kurz vor ihrer Ermordung durch Othello (ebenfalls foreshadowing).

| 1 SCHNELLÜBERSICHT | 2 WILLIAM SHAKESPEARE: LEBEN UND WERK | 3 TEXTANALYSE UND -INTERPRETATION |

3.7 Interpretationsansätze

3.7 Interpretationsansätze

**ZUSAMMEN-
FASSUNG**

Die Literaturwissenschaft befasst sich schon lange gern mit Shakespeare und *Othello*. Ihre Richtungen und Ansätze sind vielfältig, besonders weil die Rolle Iagos **viel Interpretationsspielraum** lässt. Jede Zeit und jeder Leser bzw. Zuschauer hat aber auch eigene Interpretationen zur Hand. Zentrale Themen und Motive im Stück sind u. a. Eifersucht und Schein und Sein.

Wie alle Werke Shakespeares ist *Othello* **immer wieder auf verschiedene Weisen interpretiert** worden: von Wissenschaftlern, Theater- und Filmregisseuren, Schauspielern sowie von Künstlern aller Art (z. B. Musikern, Tänzern), Lehrern, Schülern u. a. Es gibt dazu viel, z. T. auch sehr komplizierte Literatur und so viele Interpretationsansätze, dass es kein Mensch schaffen kann, sie alle ganz zu lesen, geschweige denn zu verstehen. **Ständig kommen neue Interpretationsansätze hinzu**, die beispielsweise auf Sitzungen der Shakespeare-Gesellschaften oder an Universitäten auf der ganzen Welt diskutiert werden. Es wird auch gestritten, denn es gibt auch widersprüchliche Theorien, und jeder Zuschauer/Leser/ Regisseur etc. hat seinen eigenen (persönlichen) Zugang zum Text und seine eigenen Erfahrungen mit Shakespeare.

Moral

Frühere Interpretationsansätze (19. Jahrhundert) konzentrieren sich oft auf Einzelheiten, z. B. Charaktere oder philosophische Aspekte, und suchen nach einer Moral. Von dieser Herangehensweise wendet man sich später ab. Ein neuerer Ansatz befasst sich beispielsweise mit der Natur und Funktion der vorangegangenen

3.7   Interpretationsansätze

Shakespeare-Literaturkritik. Einige literaturkritische Ansätze[103] sollen im Folgenden ein wenig beleuchtet werden:

→ Die **feministische Literaturkritik** („gender studies") analysiert die Geschlechterrollen und deren Auswirkungen und Ursprünge in Shakespeare-Stücken und zur damaligen Zeit. Sie setzt sich auch kritisch mit der früheren, von Männern dominierten Shakespeare-Wissenschaft auseinander. Bei *Othello* widmet sich dieser Ansatz z. B. der Beziehung der drei weiblichen Charaktere zu ihren Partnern oder dem Vater in einer patriarchalischen Gesellschaft.

→ Die Psychoanalyse bzw. der **psychoanalytische Ansatz** deutet die Handlung und Personen nach Erkenntnissen dieser Forschungsrichtung. Sie untersucht in *Othello* beispielsweise die Funktionsweise der Eifersucht an sich und ihre Ausprägungen, die Manipulationsstrategien Iagos, unterbewusste Sehnsüchte und Wünsche, z. B. unterdrückte Sexualität sowie die Beziehungen der Charaktere zueinander.

→ Die **Oueer-Theory**[104] untersucht Dramen unter dem Blickwinkel homophiler oder homophober Aspekte, z. B. ob die Beziehung von Iago und Othello (evtl. auch zu Cassio) homoerotische Züge aufweist oder ob die unerreichbare Liebe, z. B. von Roderigo zu Desdemona (evtl. auch die Iagos zu ihr), mit Verdrängungs- oder Übersprungshandlungen zu tun hat, mit Sehnsüchten oder Erfahrungen Homosexueller oder deren Kritiker.

→ Der **Strukturalismus** (ca. 1920–1970er-Jahre, aus den USA kommend), manchmal auch Post-Modernist (dt. Post-Modernismus) genannt, befasst sich mit dem Text und der Struktur

---

103 Eine Systematisierung ist schwer, weil es Überschneidungen in den Ansätzen gibt.
104 Neuerer Forschungsansatz (seit ca. 1990); abgeleitet von engl. queer (umgangssprachlich für Homosexueller), hat sich aus „gender studies" entwickelt und zählt zu „post-structuralist critical theory".

der Sprache an sich. Dagegen schließt der **Poststrukturalismus** oder Deconstruction (ab Ende der 1960er-Jahre) auch die Auswirkungen der Sprache auf die Wirklichkeit mit ein. Es geht auch darum, zu ergründen, wie schwer die Bedeutung eines Wortes eindeutig zu fassen ist, z. B. im Konzept von „honesty". Dieser Ansatz schließt die **Semiotik** mit ein, die sich mit dem Wesen, der Entstehung und dem Gebrauch von Zeichen beschäftigt sowie auch dem Zusammenhang von Zeichen und Kommunikation.

→ **Sozial- und gesellschaftskritische** sowie **geschichtsorientierte Ansätze** wie „Cultural Materialism" oder der „New Histoticism" (seit den 1980er-Jahren) beschäftigen sich mit historischen Quellen (z. B. der venezianischen im Vergleich zur englischen Staatsform in den Vorlagen von *Othello*) und mit Ideologien wie beispielsweise dem Marxismus. Außerdem versuchen sie, Shakespeares Stücke wieder stärker im zeitlichen Kontext (Entstehungszusammenhang) zu sehen. Sie ergründen ggf. auch, ob *Othello* evtl. subtil Kritik an sozialen und politischen Einstellungen der Shakespeare-Zeit übt. Wie werden verschiedene Gesellschaftsschichten (im Vergleich zu anderen Quellen aus der Zeit, z. B. Iago als einer niederen Schicht zugehörig) präsentiert? Der Ansatz macht deutlich, wie veränderte gesellschaftliche Werte die Textauslegung beeinflussen.

→ Der „**Post-colonial criticism**", eine weitere Strömung, betrachtet Shakespeares Werk unter dem Gesichtspunkt von Kolonialmächten, -herrschaft und Kolonialkritikern.[105]

---

105 Othello war als Kind oder junger Mann Sklave.

3.7 Interpretationsansätze

→ Die **„Aufführungs-Kritik"** analysiert frühere und heutige Inszenierungen und wie die Zuschauer auf Inszenierungen reagieren
oder reagiert haben könnten und warum.

Zwischen den Forschungsrichtungen gibt es **Überschneidungen**,
sodass viele wissenschaftliche Beiträge heute gar nicht mehr einer
bestimmten Richtung zugeordnet werden können. Mit Themati-
ken wie „Desdemona als Opfer in einer von Männern dominierten
Gesellschaft" oder „Gleichberechtigung der Liebenden"[106] können
sich z. B. Psychoanalyse, sozial- und gesellschaftkritischer Ansatz,
Feminismus und Queer-Theory gleichermaßen beschäftigen.

Themen und Motive
Eifersucht und Neid[108]

Eifersucht ist eine starke bis übermäßige Einsicht, die Liebe eines
Menschen mit einem anderen Menschen teilen zu müssen oder gar
komplett zu verlieren. Eifersüchtig sein heißt demnach, danach zu
streben, jemanden nur für sich zu haben und denjenigen zu hassen,
der einem die Liebe des anderen (vermutlich) streitig macht. In der
Eifersucht zeigen sich eigene Ängste, z. B. aus schlechten Erfahrungen in der Kindheit. Beim Neid geht es eher um den gleichen
Besitzanspruch, also nicht auch um Verlustangst.

Angst und Besitzanspruch

Im Fokus des Dramas steht hier vor allem Othellos Eifersucht.
Er denkt, **Cassio habe eine sexuelle Beziehung zu seiner Frau**
Desdemona. Dadurch wäre er gesellschaftlich von Cassio über-
trumpft und herabgesetzt. Andere würden ihn nun als „Gehörnten" („cuckold"), nicht mehr als ebenbürtig oder vollwertig ansehen. Eventuell würden sie auf ihn herabsehen, sich gar über ihn

Othellos Eifersucht: Verlust der Ehre

---

106 Die Beziehung ist gerade für die damalige Zeit ausgesprochen emanzipiert.
107 Im Englischen werden „jealousy" (dt. Eifersucht) und „envy" (dt. Neid) nahezu synonym verwen-
    det.

3.7 Interpretationsansätze

lustig machen. Othello würde in ihren Augen seine Männlichkeit und seinen sozialen Status verlieren. Gleichzeitig ist Othello verletzt, enttäuscht und wütend, weil Cassio ihn (vermeintlich) betrogen und verletzt hat: Während er dachte, dass Cassio sein Freund und Vertrauter sei (was er ja auch ist), habe dieser ihn hinterhältig hintergangen.

Wiederherstellung der göttlichen Ordnung

Ebenso richtet sich **Othellos Wut auf Desdemona**, von der er sich genauso hintergangen, betrogen und in seinem Vertrauen getäuscht fühlt. Er verzweifelt an seiner Liebe. Um ihren Ruf (der wiederum auf ihn abfärbt) zu retten, will er sie töten, auch damit sie nicht noch mehr Männer in die schlimme Lage des Betrogenen bringt, in der er gerade steckt. Othello sieht sich als **eine Art Richter** in der Verantwortung, Desdemona zu opfern („sacrifice", V, 2, 66), um die gesellschaftliche Ordnung wiederherzustellen.

Das Monster Eifersucht

Interessant ist Shakespeares **Darstellung der Eifersucht besonders in den Monster-Metaphern**: das grünäugige Monster „which doth mock / The meat it feeds on" (III, 3, 170/171; dt.: „das die Speise verhöhnt, von der es sich ernährt") oder „a monster, / Begot upon itself, born on itself" (III, 4, 163/164). Dahinter steckt die Aussage, dass Eifersucht den Menschen verzehrt bzw. zerstört, dass sie schrecklich und unnatürlich ist, dem Menschen eigentlich fremd und beängstigend ist – ein Ungeheuer eben. Außerdem ist **Eifersucht selbstzerstörerisch** auf widersinnige Art. Sie verhöhnt ihre Existenzgrundlage. In anderen Worten: Sie wertet das ab, was sie braucht. Das könnte heißen: Der Eifersüchtige sieht seinen eigenen Wert bzw. seine eigenen Stärken nicht mehr, fühlt sich unsicher oder minderwertig.

Othello verliert Selbstbewusstsein

Sobald der **Verdacht der Eifersucht** in Othello aufkeimt, verliert er sein Selbstvertrauen und das Vertrauen in seine engsten Freunde und seine echten Gefühle für Desdemona. Er hört nur noch auf Iago, nimmt seine Umwelt nur noch einseitig wahr und rutscht so immer tiefer in sein Verderben. Eifersucht hängt womöglich mit Liebe zusammen, vielleicht auch mit Narzismus (Eigenliebe). Eifersucht an sich ist schwer zu ergründen.

Neben Othellos Eifersucht werden ferner **Iagos und Biancas eifersüchtige Gefühle** in *Othello* thematisiert: Iago deutet an, seine Frau Emilia habe ein Verhältnis mit Othello und Cassio gehabt (evtl. allerdings eine Zwecklüge; vgl. unten). Dazu kommt, dass er auf Cassio eifersüchtig ist, weil dieser bei der Beförderung bevorzugt wurde. Ist seine ganze Intrige eine irrationale (Über-)Reaktion auf seine Eifersucht? Ist er wirklich eifersüchtig oder benutzt er die Eifersucht nur, um seine Bosheit zu begründen (siehe Kapitel 3.4 S. 69)? Iago leidet darunter, dass Cassio und Othello erfolgreicher sind als er, obwohl er sich selbst für besser oder intelligenter hält.

Auch Iago und Bianca sind eifersüchtig

Bianca dagegen ist eifersüchtig, weil ihr Freund Cassio sich schon länger nicht bei ihr blicken ließ. Als er ihr das Taschentuch schenkt, das er gefunden hat, vermutet sie misstrauisch, er habe eine Beziehung mit einer anderen Frau.

Ehre

Eifersucht im Drama hat viel mit **Ehre oder Würde** zu tun. Zur damaligen Zeit (aber auch heute noch in bestimmten Ländern oder in extrem patriarchalen Gesellschaften), hat Ehre einen sehr hohen Stellenwert – einen höheren als das Leben. Cassio jammert: „Reputation, reputa-/tion, I ha' lost my reputation!" (II, 3, 255/256) Er hat seinen Ruf, also seine Ehre verloren und ist dadurch todunglücklich.

Der gute Ruf

Um seine Ehre nach Desdemonas vermeintlichem „Ehebruch" wiederherzustellen, will Othello Desdemona umbringen. Wäre sie schuldig, wäre sein Mord zu dieser Zeit vielleicht rechtens: Mit der auf sich geladenen „Schuld" eines Ehebruchs verlieren Frauen unter Umständen das Recht zu leben („gerechtfertigter" Ehrenmord). Das Wort „honesty" (dt. Ehrlichkeit) kommt von „honour" (dt. Eh-

Wiederherstellung der Ehre durch Mord

re), und genau damit spielt „honest Iago" in seiner Intrige. Für die meisten Menschen ist dieser **Ehrbegriff schwer nachvollziehbar** und nimmt dem Drama etwas von seiner Zeitlosigkeit. Für Iago selbst, der fälschlicherweise immer für besonders „ehrwürdig" gehalten wird, bedeutet „Ehre" im Grunde nichts. Er nutzt nur die Einstellung der anderen dazu aus und macht sich über sie lustig.

Liebe und Hass

Liebespaar Othello und Desdemona

Die **Liebe** ist das Gegenstück zum ebenfalls allseits präsenten **Hass**. Die Liebe von Othello und Desdemona ist eine starke, gegenseitige, über die engen gesellschaftlichen Konventionen hinaus gewachsene Liebe. Sie scheint zunächst trotz der geplanten Intrige unerschütterlich. Man kann sich anfangs nicht vorstellen, dass Iagos Hass dem souveränen Othello etwas anhaben kann und seine Liebe am Ende von der Eifersucht besiegt wird. Doch **Iagos negativer Einfluss** ist so stark, dass Othello sich sogar selbst hasst: Sein Gesicht sei „begrim'd, and black" (III, 3, 393). Doch am Ende kann die Liebe wieder aufblühen und Othello wieder zu sich selbst finden lassen. Sie wird eine **Triebfeder für Othellos Selbstmord**. Zum Schluss sind die Liebenden im Tod wieder vereint. Konzepte wie „Treue" und „Vertrauen" sind an das Thema „Liebe" gekoppelt.

Schein und Sein

Iagos Maske

Die Motivik „Sein und Schein" (appearance vs. reality) spielt bei *Othello* eine wesentliche Rolle. Iago gibt vor, etwas zu sein, das er nicht ist: ein Freund und Verbündeter („honest Iago"). Er arbeitet mit **Täuschung und Betrug** (engl. deception). „I am not what I am" (I, 1, 65), sagt er selbst gleich zu Beginn, womit er die Selbst-Definition Gottes im Alten Testament umkehrt (Gott sagt: „Ich bin, der ich bin."). In Wirklichkeit ist Iago ein Lügner und teuflischer Schurke. Diese **heimliche Selbstverstellung** wird oft als Iagos Maske

3.7 Interpretationsansätze

beschrieben. Iago verkörpert den Zwiespalt zwischen Schein und Sein, den Othello anfangs noch nicht erfahren zu haben scheint. Othellos authentische bzw. natürliche und gewinnende Art gibt ihm sein sicheres Auftreten, führt aber durch seine Arglosigkeit auch zum Einsturz seiner heilen (Liebes-)Welt. Das scheinbar Gute (oder Weiße) kann auch böse (oder schwarz) sein und umgekehrt.

Möglicherweise kritisiert Shakespeare den zur damaligen Zeit neuen Empirismus[108] in *Othello* oder zeigt seine Grenzen auf. So wie die augenscheinlichen „Beweise" von Desdemonas „Schuld" bei Othello falsch sind, **so könnten auch empirische Daten ohne menschliche Werte in eine falsche Richtung führen**. Nicht alles, was wir sehen, ist wahr oder richtig. Der scheinbar gefährliche Sturm auf See z. B. gefährdet die Menschen im Stück nicht, sondern der Mensch gefährdet sich selbst.

Empirismus-Kritik

Zu der Thematik „Schein und Sein" passt weiter, dass Cassio zunächst nur scheinbar tot ist. Es stellt sich am Schluss heraus, dass er noch lebt. Des Weiteren gehören Misstrauen, Täuschung und Betrug zum Thema „Schein und Sein". Sie werden gleich in der ersten Szene eingeführt mit Iagos Plan für Othello, seinem Betrug an Roderigo, aber auch durch die heimliche Heirat Desdemonas und Othellos, durch die sich Brabantio betrogen fühlt.

Misstrauen, Täuschung und Betrug

Schwarz und Weiß

Im Titel des Stücks (*The tragedy of Othello, the Moor of Venice*), optisch auf der Bühne[109] und immer wieder im Text wird hervorgehoben, dass Othello ein Schwarzer und anders als die anderen

Spiel mit Kontrasten

---

108 Empirismus: Alles kann wissenschaftlich erklärt und bewiesen werden.
109 Lange Zeit wurde die Figur des Othello von Weißen auf der Bühne dargestellt, die sich ihr Gesicht dunkel färbten. Genau anders ist es in der Inszenierung von Jude Kelly: Der weiße Schauspieler Patrick Stewart spielt den Othello und alle anderen sind dunkelhäutig.

3.7   Interpretationsansätze

Figuren ist. **Bilder von Schwarz und Weiß** sind im Drama zahlreich und dominieren (vgl. u. a. Kapitel 3.6).

Weißer Bösewicht Iago

Shakespeare verkehrt thematisch ganz grundsätzlich die gängige Bedeutung von „weiß"/„hell" (gut, unschuldig, ehrlich) und „schwarz"/„dunkel" (schlecht, böse, schuldig, betrügerisch) und räumt damit mit Vorurteilen auf: Der Bösewicht, der Teufel, ist – anders als in zeitgenössischen Stücken – der Weiße. Das Opfer ist der Schwarze. Die Denotation der Wörter behält er aber bei. So sagt denn der Duke zu Desdemonas wütendem Vater: „your son-in-law is far more fair than black" (I, 3, 290): **Othello sei „eher weiß als schwarz", d.h. ist ein guter Mensch**.

Rassismus und Entfremdung

Eng mit der Schwarz-Weiß-Thematik (siehe vorheriges Kapitel) sind die Themen Rassismus, Xenophobie (Fremdenfeindlichkeit) oder Alienation (Entfremdung, Isoliertheit) verbunden. Othello ist durch seine **Hautfarbe und Herkunft** eindeutig anders als die anderen in Venedig oder auf Zypern.[110] Er gehört nicht wirklich dazu, auch wenn es am Anfang den Anschein hat, und seine Andersartigkeit benutzt Iago für seine Intrige. In das Thema „Rassismus" in *Othello* fügen sich problemlos tagesaktuelle Diskussionen zu „Migrationshintergrund" und/oder „Leitkultur".

Angst vor Überfremdung?

Königin Elisabeth I. könnte eine **negative Einstellung zu Schwarzen** gehabt haben, obwohl sie selbst schwarze Musiker und eine schwarze Dienerin beschäftigt haben soll. In einem offenen Brief an Lord Mayor in London schreibt sie 1596 „there are of late divers blackamores brought into this realme, of which kinde of people there are already here to manie".[111] Sie soll deren Aussied-

---

110 Roderigo sagt, Othello wäre „an extravagant and wheeling stranger, / Of here, and every where" (I, 1, 137 f.).

111 www.press.jhu.edu/timeline/sel/Bartels_2006.pdf (Stand Sept. 2014).

3.7   Interpretationsansätze

lung nach Portugal und Spanien angeordnet haben, und eine Woche
später schreibt sie, es sei eine „good pleasure to have those kinde
of people sent out of the lande".[112] 1601 beschwert sie sich erneut
und ordnet eine weitere Deportation an.

Mit seinem Stück hat Shakespeare – für seine Zeit revolutionär! –
Schwarze positiv darstellen wollen. Rassistische Aussagen macht
neben negativ angesehenen Figuren wie Roderigo und Brabantio
vor allem der Bösewicht Iago: Er bezeichnet Othello u. a. als einen
geilen schwarzen Bock oder behauptet, „These Moors are change-
able in their wills" (I, 3, 347). Auch Emilia beschimpft Othello am
Schluss, allerdings in erster Linie aus Wut und Trauer über den
Tod ihrer Herrin Desdemona: „O; the more angel she, / And you
the blacker devil!" (V, 2, 131/132)

Positive Dar-
stellung eines
Schwarzen

Weitere Themen
Schicksal und Zufall (engl. fate and chance) und der freie Wille sind
ein weiteres Themenfeld der Tragödie. In der antiken Tragödie hat
der tragische Held eine Schwachstelle, die ihm eine **Mitschuld an
seinem Scheitern** gibt (vgl. Kapitel 3.3, S. 58). Bei *Othello* macht
es uns Shakespeare nicht so einfach: **Wie viel Schuld trägt Othello selbst an seinem Tod?** Ist er zu gutgläubig oder unkritisch? Ist
er eifersüchtiger als andere Menschen? Wird das Stück durch Zu-
fälle[113] tragischer, unwirklicher oder weniger läuternd? Entscheidend in *Othello* ist, **dass Iago das Schicksal selbst in die Hand
nimmt** und die Geschicke anderer zu lenken versucht. Er maßt sich
damit an, Dinge zu tun, die Gott (oder dem Teufel) vorbehalten sind.
Fliegt Iago durch Zufall am Ende auf, oder war ihm dies Ende vor-

Iago spielt Gott

---

112 Ebd.
113 Desdemona verliert das Taschentuch genau in dem Moment, als Emilia gerade bei ihr ist; Desde-
     mona gesteht ihrem Mann nicht, dass sie das Taschentuch verloren hat.

bestimmt? Am Schluss der Tragödie ist jedenfalls die heilige (von Gott gewollte vgl. Kapitel 2.2, S. 14 f.) Gesellschaftsordnung wieder hergestellt und der das Schicksal Herausfordernde (Iago) geschlagen.

Krieg, Manipulation, Identität, Gewalt, Urteil, Beweise und Emanzipation[114] sind weitere Themen, die in *Othello* angesprochen werden und untersucht und interpretiert werden können.

---

114 Hier ist Emilia zu nennen, die ihren Mann anklagt, obwohl er ihr geboten hat zu schweigen: „'Tis proper I obey him – but not now" – (V, 2, 197)

| 4 | REZEPTIONS-GESCHICHTE | 5 | MATERIALIEN | 6 | PRÜFUNGS-AUFGABEN |

4.   REZEPTIONSGESCHICHTE

ZUSAMMEN-FASSUNG

Die Tragödie *Othello* ist von Anfang an sehr beliebt und ge-schätzt, ein großer Publikumserfolg. Es trifft anscheinend im-mer wieder mit verschiedenen Inszenierungen den „Nerv der Zeit". Die Aufführungen sind – und das ist bei Shakespeares Stücken ungewöhnlich – relativ gut dokumentiert. Im Ver-gleich zu anderen Dramen wie *Romeo and Juliet* sind Text bzw. Sprache und Inhalt über die Jahre mehr oder weniger unverändert geblieben.

Nach der Uraufführung, wahrscheinlich 1604 vor König Jakob (James) I. in Whitehall,[115] spielt Shakespeares Theatergruppe das Stück erfolgreich weiter. Es sind Aufführungen im Londoner „Glo-be" und im „Blackfriars" dokumentiert.[116]

Richard Burbage war vermutlich erster Othello-Darsteller

Erste „Kritiker" des Stückes sollen die Zuschauer gewesen sein, die, auch in späteren Jahren noch, **Iagos Auftreten auf der Bühne** direkt oder am Ende mit Zischlauten, Pfiffen, Beschimpfungen oder Warnungen an die anderen Figuren[117] begleiteten – wie beim Kas-perltheater. Shakespeares Freund Ben Jonson schrieb, er finde das Ende *Othellos* unerträglich.

Othello wird vermutlich durch wandernde Theatergruppen (oder auch Puppenspieler) relativ schnell **in ganz England und im kon-tinentalen Europa bekannt** und beliebt. 1613 soll das Stück zu-sammen mit zwanzig weiteren Stücken der „King's Men" bei den

Exportschlager

---

115 In den Hauptrollen waren 1604 mit ziemlicher Sicherheit Richard Burbage als „grieved Moor" – einer seiner größten Erfolge – und Joseph Taylor als Iago zu sehen.
116 Vgl. http://internetshakespeare.uvic.ca/Library/facsimile/overview/book.html (Stand Sept. 2014).
117 Vgl. *Othello*, Reclam, S. 166 (Nachwort).

Hochzeitsfeierlichkeiten von Prinzessin Elisabeth Stuart – der Tochter von König Jakob I. – und Friedrich V. (Elector Palatine) gezeigt worden sein. 1629 und 1635 war es erneut im „Blackfiars Theatre" auf dem Spielplan. Für seine Beliebtheit spricht ferner die Tatsache, dass weitere Druck-Ausgaben von *Othello* erscheinen: so 1655 die dritte Quarto-Ausgabe (Q3) und 1632 eine weitere Folio (F2).

Als die puritanische Übergangsregierung (Parlament 1642–1660) die **Theater schließt**, wird auch *Othello* vorerst nicht öffentlich aufgeführt. Bis 1660 (fast 50 Jahre nach Shakespeares Tod) gibt es **keine Belege für Aufführungen** des Stückes.

Ab 1660

Othello ist im 17. Jahrhundert eines der am häufigsten aufgeführten Stücke Shakespeares. Die Regierung[118] kontrolliert die Theater, indem sie nur an **zwei Theaterkompanien**[119] **Lizenzen** vergibt, die zu regelmäßigen Auftritten berechtigen. So lässt sich immerhin ab Mitte des 17. Jahrhunderts *Othello* wieder auf Theaterspielplänen in England finden.[120] 1660 hat Samuel Pepys z. B. im „Cockpit Theatre" eine *Othello*-Aufführung mit Nicholas Burt als Othello und Walter Clun als Iago gesehen. Zwei Monate später im selben Jahr ist eine Aufführung von Thomas Killegrews „The King's Company" dokumentiert. Dort spielt Margaret Hughes[121] Desdemona und ist damit womöglich die erste hauptberufliche Schauspielerin auf einer englischen Bühne.

Othello mit Happy End

Einige Zeitgenossen sind der Ansicht, Shakespeares Stücke seien aus der Mode gekommen. Sie bemühen sich daher, Sprache, Inhalt und Aufführungs-Stil zu „verbessern" („refinement"). Pepys sieht 1669 eine weitere *Othello*-Aufführung im „Theatre Royal", die

---

118 „Restoration": Wiederherstellung der Monarchie.
119 Sir William Davenats „The Duke's" (Players) und Thomas Killigrew's „The King's", die ihre königlichen Patente vererben oder zuweisen konnten.
120 Wegen der Pest bleiben die Londoner Theater auch 1665 und 1666 geschlossen.
121 Oder auch Anne Marshall. Ganz sicher ist man sich nicht, welche der beiden Frauen die Rolle inne hatte.

| 4 REZEPTIONS- | 5 MATERIALIEN | 6 PRÜFUNGS- |
| GESCHICHTE | | AUFGABEN |

am Ende Desdemona und Othello leben lässt.[122] Es ist das Zeitalter der Restauration. **Shakespeares Tragödien werden dem Geschmack dieser Zeit angepasst** und gelegentlich in eine Tragikomödie – auch mit Gesang und Tanz – verwandelt. Möglicherweise beeinflussen Veränderungen in der Theaterpraxis diese Entwicklung. Es gibt inzwischen weibliche Schauspieler, bewegliche und gegenständliche Bühnenbilder, eine Vorbühne, Beleuchtung im Innenraum und ein weniger gemischtes, aber größeres Publikum (im Bezug auf soziale Schicht eher wohlhabend).

Jedenfalls merkt ein früher Kritiker von *Othello*, **Thomas Rymer, 1693** in *A Short View of Tregedy* an, dass das ganze Stück wegen seiner „Lebensferne"[123] schwach sei (vgl. S. 123 f.). Es sei eine „Bloody Farce, without salt or savour".[124] Im Gegensatz zu Rymer findet **Dr. Samuel Johnson**[125] das Stück lebensnah. Seines Erachtens warne es Frauen davor, „not to make an unequal match".[126]

Frühe Kritiker

Auch im nachfolgenden Jahrhundert wird *Othello* regelmäßig aufgeführt.[127] Ende des 18. Jahrhunderts gibt es die erste von vielen deutschen ***Othello*-Übersetzungen**: 1762 bis 1766 arbeitet Christopher Martin Wieland an einer Gesamtausgabe von Shakespeares Theaterstücken. Die Shakespeare-Tradition beginnt auch in Deutschland zu wachsen. Viele große deutsche Dichter und Denker versuchen sich an Shakespeare-Übersetzungen oder -Inszenierungen. Eine französische Übersetzung des *Othello* erscheint 1829: *Le More de Venise* von Alfred de Vigny, Theaterpremiere im selben Jahr in der Comédie-Francaise. Das französische Publikum

18. Jahrhundert

---

122 Vgl. www.gutenberg.org/files/4125/4125-h/4125-h.htm (Stand Sept. 2014).
123 Soldaten benähmen sich nicht wie dargestellt und das Stück zeige keine zufriedenstellende Moral auf.
124 Zitiert nach *Othello*, Reclam, 2013, S. 165.
125 (1709–1784): Herausgeber einer Shakespeare-Gesamtausgabe im Jahr 1765.
126 Zitiert nach *The life of Samuel Johnson*. Band 3, S. 35.
127 Lediglich für sieben Jahre im Zeizraum 1700–1800 finden sich keine Aufzeichnungen über *Othello*-Aufführungen in London.

OTHELLO

1 SCHNELLÜBERSICHT	2 WILLIAM SHAKESPEARE: LEBEN UND WERK	3 TEXTANALYSE UND -INTERPRETATION

scheint vom Stoff des Dramas aber weniger angetan zu sein als seine Nachbarn.

„Theatres Act"

Im späten 18. und frühen 19. Jahrhundert gibt es radikale Veränderungen in der Theaterszene Englands: Lizenzen (Theaterpatente) werden abgeschafft und mit dem „Theatres Act" von 1843 wird das Theatermonopol beseitigt. Gleichzeitig wächst im 19. Jahrhundert die Londoner Bevölkerung enorm. Die Zuschauerräume in den Theatern werden größer und es wird mehr Unterhaltung geboten (**Musik, Tanz, Spektakel**[128]). Das Sprechtheater droht ein wenig aus der Mode zu kommen. William Charles Macready[129] wirkt schon vorher dem Trend der verflachenden Unterhaltung entgegen. Er lässt die **Texte wieder im Original** spielen, und berühmte Interpreten wie Samuel Phelps (1804–78) und Edmund Kean (1787–1833) – der vielleicht beste Schauspieler des Jahrhunderts[130] – folgen seinem Beispiel. Eine neo-klassische Shakespeare-Zeit beginnt. Phelps und Macready führen einen **Rollentausch unter Schauspielern** für verschiedene Aufführungen ein (Iago/Othello).

Ira Aldrige: Der erste Afro-Amerikaner als Othello

Weitere berühmte Othello-Darsteller des 19. Jahrhunderts sind neben Kean, Edwin Forrest, Tommaso Salvini und vor allem **Ira Aldrige**. Um 1850 spielt er Othello und ist wahrscheinlich der erste Schwarze in einer Shakespeare-Hauptrolle.[131] **Aldrige spielt einen intellektuellen Othello.** Berühmte Nachfolger von Aldrige sind Earle Hyman und James Earle Jones: Jones, geboren 1931, heiratete

---

128 In den Vorräumen und auf den Treppen sollen sich Huren aufhalten, die später offiziell der Theater verwiesen werden.

129 Schauspieler und Manager im „Covent Garden" (1837–39) und im „Drury Lane" (1841–43). 1851 beendet er seine eigene Schauspiel-Karriere.

130 Er brilliert mit seinem energischen und realistischem Spiel als Iago und stirbt 1833 als Othello auf der Bühne in den Armen seines Sohnes, der Iago darstellt. Kean benutzt als erster keine schwarze Schminke für die Hautfarbe, sondern gelb-braune.

131 Der US-Amerikaner Aldrige war übrigens auch im richtigen Leben mit einer Weißen verheiratet.

| 4 REZEPTIONS-GESCHICHTE | 5 MATERIALIEN | 6 PRÜFUNGS-AUFGABEN |

seine Desdemona-Schauspielerin und lieh der Figur „Darth Vader"
in *Star Wars* seine dunkle Stimme.

Berühmte Iagos sind Edwin Booth[132] (1833–93) und Henry Irving (1838–1905). Irving soll ein exzellenter Iago[133] gewesen sein:
unheimlich, dunkel, bedrohlich und grotesk, während er als Othello
weniger überzeugt.[134] **Die Theater arbeiten wieder an der historischen Genauigkeit der Stücke.** Seitdem wird *Othello* meist nach
Originaltext und möglichst ungekürzt aufgeführt. Irving dominiert
neben Herbert Beerbohm Tree (1853–1917) auch als Theaterunter-
nehmer[135] die britische Shakespeare-Szene: Beide streichen satte
Gewinne ein und werden in den Ritterstand erhoben.

Rollentausch: Othello/Iago war nicht unüblich

Auch im restlichen Europa etabliert sich *Othello* immer mehr,
wie der Wiener Theaterspielplan 1823 exemplarisch zeigt. Es lau-
fen vier verschiedene Fassungen von *Othello*: eine Rossini-Oper,
zwei Possen mit Gesang und eine Theater-Inszenierung von Joseph
Schreyvogel (Übersetzung von Voß), die von Goethe (!) einstudiert
wurde.[136] 1806 inszeniert Karl Meisl mit *Othellerl, der Mohr von
Wien oder die geheilte Eifersucht* eine Posse oder Travestie.

„Zu Beginn des 20. Jahrhunderts wird Shakespeare als mo-
derner Dramatiker entdeckt",[137] was historisch möglichst authentische Darbietungen[138] nicht ausschließt. **Künstlerische Experi-
mente** und Formen der „Klassikerpflege" stehen in Konkurrenz.
Auch weiterhin wird Shakespeare politisch in Beschlag genommen
und ästhetisch stilisiert. Später bestimmen US-amerikanische Auf-

20. Jahrhundert

---

132 Der angeblich meistgeschätzte Iago seiner Zeit, der nach außen sehr sympathisch wirkt.
133 Ellen Terry als Desdemona.
134 Vgl. Honigmann, *Othello. The Arden Shakespeare*, S. 94.
135 Irving 1878–1901 am „Lyceum" und Tree 1887–96 am „Haymarket" und 1897–1914 am „Her Majesty's".
136 Vgl. Brinkmann, Karl: *Erläuterungen zu William Shakespeares Othello*, Hollfeld: 1963, S. 9.
137 Shakespeare Jahrbuch, Nr. 146, 2010.
138 z. B. in John Gieldgus *New Theatre*, 1935, mit dem Elisabethanischen Zeitalter nachempfundenen Kostümen.

führungen die *Othello*-Theaterszene entscheidend mit: 1930 spielt der schwarze Paul Robeson[139] Othello in London, Desdemona ist Peggy Ashcroft. 1943 steht er in einer *Othello*-Inszenierung von Margaret Webster auf der Bühne, die doppelt so lang aufgeführt wird wie andere Shakespeare-Stücke am Broadway.[140] Diese Inszenierung ist die erste längere Shakespeare-Aufführung, die auf Schallplatte aufgenommen wird. 1959 wird Robeson als Othello nach Stratford eingeladen, wo er mit Vanessa Redgrave, Sam Wannamaker und Mary Ure in einer modernen Inszenierung mit viel Show, westlichen Akzenten und Rock-n-Roll Beats spielt.

1935 hegt Iago (dargestellt von Laurence Olivier) in einer durch Dr. Ernest Jones beeinflussten Inszenierung **latente homosexuelle Gefühle** für Othello (diese Inszenierung gibt es auch als Film).[141] 1938 spielt erneut Olivier im Londoner „Old Vic" einen schwulen Iago, 1985 auch David Suchet für die Royal Shakespeare Company. 1962 inszeniert Fritz Kortner *Othello* in München, wobei er Desdemona am Ende flüchten lässt.

Berühmte
Adaptionen

Im 19. und 20. Jahrhundert entstanden *Othello*-Adaptationen, die weltweite Berühmtheit erlangen:

→ 1816 Gioachino Rossini/Francesco Maria Berio di Salsi (Libretto): *Otello, ossia Il noro die Venezia* (Oper)

→ 1887 Giuseppe Verdi/Arrigo Boito (Libretto): *Otello* (Oper)[142]. 1986 kommt Verdis Oper von Franco Zefirelli verfilmt mit Placido Domingo als Othello in die Kinos.

---

139 Robeson gilt als einer der beste Othello-Darsteller. Er war auch Sänger und politisch aktiv.
140 296 Mal.
141 Reclam, S. 166.
142 Ein riesiger Erfolg; Verdi lässt den ersten Akt weg. Nach *Otello*, seiner vorletzten Oper, hat Verdi eine weitere Shakespeare-Vorlage in eine Oper verwandelt, nämlich *Falstaff*.

4 REZEPTIONS-GESCHICHTE	5 MATERIALIEN	6 PRÜFUNGS-AUFGABEN

→ 1968 Patrick McGoohan (Regie) und Jack Good und Richard
   M. Rosenbloom (Produzenten): *Catch My Soul* (Rock-Musical).
   1974 wird es leicht verändert auch verfilmt.

→ 1985 John Neumeier: *Othello* (Ballett).

Verfilmungen

Alle Shakespeare-Dramen wurden mindestens einmal verfilmt,   Filme
Othello viele Male. Nachfolgend eine kleine Auswahl:

→ Stummfilme 1906 und 1922 (Deutschland mit Emil Jannings)

→ 1947 *A Double Life* von George Cukor: Das wirkliche Leben
   eines Schauspielers wird durch seine Rolle als Othello am
   Broadway stark beeinflusst.

→ 1952 erscheint Orson Wells' (Regie, Drehbuchautor, Produzent,
   Finanzier) Schwarzweißfilm *Othello*. Er gewinnt die Goldene
   Palme von Cannes. Wells selbst spielt die Hauptrolle, Michael
   MacLiammoir Iago und Susanne Cloutier Desdemona. Dazu
   dreht Wells eine Dokumentation über die Dreharbeiten (*Filming
   Othello*, 1978). Der *Othello*-Film verschwindet relativ schnell
   wieder in den Archiven, gilt lange als verschollen, taucht aber
   1990 wieder auf, wird restauriert und erscheint 1993 erneut
   in den Kinos. Wells spannender und exzentrischer *Othello*
   arbeitet mit schönen Bildern, Rückblenden und sprunghaften
   Montagen. Er thematisiert die leichte Verwundbarkeit des
   rauen Helden.

→ 1955 *Othello* von Sergei Yutkevich (1956 bekommt Yutkevich
   den Preis für „Beste Regie" in Cannes)

→ 1965 *Othello*-Film von John Dexter mit Laurence Olivier als
   Othello, Frank Finlay als Iago und Maggie Smith als Desdemo-

Othello und Desdemona auf einem Holzstich nach einem Gemälde von Christian Köhler (1809–1861) © akg-images

na.[143] Der Film thematisiert Migration und Wirtschaftssystem. Othellos christlicher Glauben und seine Abstammung werden aufgegriffen, sowie Iagos Wille aufzusteigen.

→ Filmaufnahmen von Theaterinszenierungen wie beispielsweise 1990 die Stratford-Aufführung der Royal Shakespeare Company unter der Regie von Trevor Nunn für das Fernsehen (1990).

---

[143] Othello wird von Olivier als sinnlich, wenig zivilisiert und egoistisch dargestellt. Diese Interpretation wurde während des „Civil Rights Movement" der Afroamerikaner Mitte der 60er-Jahren als „rassenstereotypisch" stark kritisiert. Von allen Shakespeare-Filmen hat dieser Film dennoch die meisten Oscar-Nominierungen erhalten, aber keine Oscars.

| 4 REZEPTIONS- | 5 MATERIALIEN | 6 PRÜFUNGS- |
| GESCHICHTE | | AUFGABEN |

→ 1995 Oliver Parker's *Othello* mit Laurence Fishburne als Othello, Kenneth Branagh als Iago und Irene Jacob als Desdemona ist die erste große Filmproduktion mit einem schwarzen Hauptdarsteller.

Es fällt vielen Leuten im 21. Jahrhundert schwer, einen **Zugang zum *Othello*-Text** zu finden. Zum einen liegt es daran, dass die Sprache schwer zu verstehen ist (vgl. Kapitel 3.5 Sprache). Zum anderen liegt es an den z. T. schwer nachzuempfindenden Inhalten wie Ehrenmord oder der Rollenverteilung der Geschlechter. Zeitlos bleiben aber die Gefühle, Beziehungen und Themen und ihre Beschreibung, die Poesie der Sprache, die intellektuelle sowie die theaterpraktische Herausforderung.

Marketingname „Othello"

Der Name Othello wird im 21. Jahrhundert von vielen allerdings inzwischen weniger mit Shakespeares *Moor of Venice* verbunden: Dank der (früheren) Bekanntheit des Dramas lässt sich der Name inzwischen gut vermarkten. Es gibt – völlig ohne Shakespeare – Othello-Kekse, ein Othello-Spiel, Othello-Lampen, -Zündkerze, eine Othello-Tasche, Otelo-Mobilfunk und sogar eine Othello-Hundeleine!

Grotesker Missbrauch

5. MATERIALIEN

Über Shakespeare und seine Werke

Ben Jonson

Dies ist ein Ausschnitt aus der berühmten Widmung von Shakespeares Zeitgenossen und Rivalen **Ben Jonson** in der „first folio", der ersten Gesamtausgabe (1623) von Shakespeares Werken. Wir sollten uns nach Jonson lieber Shakespeares Werke als das beschönigende Bildnis von ihm ansehen:

„This figure that thou here seest put, / It was for gentle Shakespeare cut; / Wherein the graver had a strife / With Nature to out-do the life: / O, could he but have drawn his wit / As well in brass as he hath hit / His face, the print would then surpass / All that was ever writ in brass. / But since he cannot reader, look / Not on his picture but his book."[144]

1630 bemerkt Jonson, dass Shakespeare, nach Aussage seiner Schauspieler, niemals eine von ihm verfasste Zeile ausstreichen bzw. verbessern musste (so genial sei er gewesen). Die Beschreibung Shakespeares ähnelt z. T. der, die Iago von Othello gibt:

„I remember the players have often mentioned it as an honour to Shakespeare, that in his writing, whatsoever he penned, he never blotted out line. My answer hath been, 'Would he had blotted a thousand' [...] I loved the man, and do honor his memory – on this side idolatry – as much as any. [...] He was, indeed, honest, and of an open and free nature; had an excellent fancy, brave notions,

---

144 Ben Jonson, 1623, in: Klett: *Greenline Oberstufe*, NRW, 2009, S. 176.

| 4 REZEPTIONS-GESCHICHTE | 5 MATERIALIEN | 6 PRÜFUNGS-AUFGABEN |

and gentle expressions, wherein he flowed with that facility that sometime it was necessary he should be stopped."[145]

Der englische **Schauspieler Brian Blessed** (*1936), Mitglied der Royal Shakespeare Company, ist begeistert von Shakespeare. Für ihn ist er *der* Schriftsteller (von Gottes Gnaden) – die Welt brauche keinen anderen:

Schauspieler Brian Blessed

„I feel that Shakespeare is blessed by God. And I feel that doing his [Shakespear] work, that if you can get it right within yourself, it's a gateway to the creator. Shakespeare is so universal. He has such a phenomenal knowledge of what human beings are.

(…) the big test: you're doing Shakespeare. You can do soaps, modern plays, this and that or the other, but Shakespeare… When you can stand on the stage and sprout Shakespeare, then you're really found out. Then you got a stand-up as an actor. He really examines you.

Shakespeare's knowledge and grasp is astonishing. What is amazing about Shakespeare: The brain seems to love it. As an actor you discover, you think that (all the poet's, the author's tremendous thoughts he has, the imagination and the vision that he has) you will never encompass it in your own brain. But as you learn it, it welcomes it. The brain seems to welcome it. In fact, the brain seems to grow. With a lot of authors you seem to die at the end – with Shakespeare, as an actor, you revolve. You grow all the time and it's a wonderful experience: you grow vocally, the imagination, the education. It's strange, the heart and the mind and soul seem to embrace him. He embraces you.[146]

---

145 Wells, Shakespeare. For all time. S. 103 f.
146 Brian Blessed in *William Shakespeare – The Bard of Avon*, *The History Makers*. DVD, Cromwell Productions, 1995.

OTHELLO

| 1 SCHNELLÜBERSICHT | 2 WILLIAM SHAKESPEARE: LEBEN UND WERK | 3 TEXTANALYSE UND -INTERPRETATION |

Stanley Wells

Der **Shakespeare-Experte Stanley Wells** (*1930) über das, was Shakespeares Größe ausmacht:

„The greatness of the writing means that it goes on having the power to move people and enchant people, to express people's opinions for them, I suppose. I think this is one of the things we value Shakespeare for. He encapsulates ideas which we still want to go on expressing in words which are totally memorable, so that the English language becomes permeated with quotations from Shakespeare."[147]

Bill Bryson

Der Schriftsteller **Bill Bryson** (*1951) hat 2007 eine unterhaltsame, auf soliden Recherchen basierende, z. T. auch kritische Biografie über Shakespeare geschrieben. Bryson setzt sich spöttisch mit Theorien zur Urheberschaft der Shakespeare-Texte und Verschwörungstheorien über Shakespeares Existenz auseinander:

„And there you have the complete visual record we possess of theatres in Shakespeare's day and somewhat beyond: one rough sketch of the interior of a playhouse Shakespeare had no connection with, one doubtful panorama by someone who may never have seen London, and one depiction done years after Shakespeare left the scene showing a theatre he never wrote for. The best that can be said of any of them is that they may bear some resemblance to the playhouses Shakespeare knew, but possibly not." (S. 67)

„The only absence among contemporary records is not of documents connecting Shakespeare to his works but of documents connecting any other human being to them. As the Shakespeare scholar Jonathan Bate has pointed out, virtually no one in Shakes-

---

147 Stanley Wells in *William Shakespeare – The Bard of Avon*, *The History Makers*. DVD, Cromwell Productions, 1995.

| 4 REZEPTIONS-GESCHICHTE | 5 MATERIALIEN | 6 PRÜFUNGS-AUFGABEN |

peare's lifetime or for the first two hundred years after his death expressed the slightest doubt about his authorship'." (S. 181)[148]

Brandaktuell ist das Thema Einwanderer und ihr gesellschaftlicher Erfolg, wie der Bestseller von **Amy Chua und Jed Rubenfeld** *The Triple Package* (2014) zeigt, in dem es Parallelen zu Othellos Rolle und Status in der venezianischen Gesellschaft gibt.

Amy Chua und Jed Rubenfeld

„It is one of humanity's enduring mysteries, why some individuals rise from unpromising origins to great heights, when so many others, facing similar obstacles and with seemingly similar capabilities, don't rise at all. (…) The paradoxical premise of this book is that successful people tend to feel simultaneously inadequate and superior." (introduction)

Äußerungen zu *Othello*

Als einer der ersten Shakespeare-Kritiker schreibt **Thomas Rymer** 1692 über die Moral, die er im Stück entdeckt hat und wie schwach er das Stück findet:

Thomas Rymer

„The Moral, sure, of this Fable [*Othello*] is very instructive. First, This may be a caution to all Maidns of Quality how, without their Parents consent, they run away with Blackamoors. Secondly, This may be a warning to all good Wives, that they look well to their Linnen. Thirdly, This may be a lesson to Husbands, that before their Jealousie be Tragical, the proofs my be Mathematical…

There is in this play some burlesk, some humour and ramble of Comical Wit, some shrew and some Mimickry to divert the specta-

---

148 Bill Bryson: *Shakespeare*, Harper Press 2007.

OTHELLO

| 1 SCHNELLÜBERSICHT | 2 WILLIAM SHAKESPEARE: LEBEN UND WERK | 3 TEXTANALYSE UND -INTERPRETATION |

tors: but the tragical part is plainly none other than a Bloody Farce, without salt or savour."[149]

Aldous Huxley

In seinem weltberühmten Roman *Brave New World* (1932) erzählt **Huxley** von dem gesellschaftlichen Außenseiter John the Savage, der mit der Sprache und dem Wissen aus Shakespeares Werken mit der einzige kultivierte Mensch ist und die neue Welt (eine Dystopie) kritisiert. Hier ein Auszug aus seinem Gespräch mit einem Welt-Kontolleur (spricht zuerst):

„'(…) we've made the V.P.S. treatments compulsory.'
'V.P.S.?'
'Violent Passion Surrogate. Regularly once a month. We flood the whole system with adrenalin. It's the complete physiological equivalent of fear and rage. All the tonic effects of murdering Desdemona and being murdered by Othello, without any of the inconveniences.'
'But I like the inconveniences.'"[150]

Christine Brückner

Von der deutschen Schriftstellerin **Christine Brückner** (1921–1996) erscheint 1983 (zur Zeit der Frauenbewegung) das Buch *Wenn du geredet hättest, Desdemona – Ungehaltene Reden ungehaltener Frauen* mit der letzten *Viertelstunde im Schlafgemach des Feldherrn Othello*.

„Schweig und sei still hast du gesagt. Nein, Othello, nein! Ich werde nicht schweigen. Hier, in unserem Schlafgemach, habe ich mitzureden. Willst du aus unserem Liebeslager ein Schlachtfeld machen?

---

149 Zitiert nach http://en.wikipedia.org/wiki/Timeline_of_Shakespeare_criticism (Stand Sept. 2014).
150 Huxley, Aldous: *Brave New World*. Hrsg. von Dieter Hamblock. Stuttgart: Reclam, 2008. S. 285.

| 4 REZEPTIONS-GESCHICHTE | 5 MATERIALIEN | 6 PRÜFUNGS-AUFGABEN |

Muß denn alles blutig enden? Du bist ein Feldherr. Willst du jetzt zum Mörder werden? Leg den Dolch weg, Othello! Rühr mich nicht an! (...)"[151]

---

[151] Christine Brückner: *Wenn du geredet hättest, Desdemona.* Hamburg: Ullstein, 1983, S. 23.

| 1 SCHNELLÜBERSICHT | 2 WILLIAM SHAKESPEARE: LEBEN UND WERK | 3 TEXTANALYSE UND -INTERPRETATION |

6. PRÜFUNGSAUFGABEN MIT MUSTERLÖSUNGEN

Unter www.königserläuterungen.de/download finden Sie im Internet zwei weitere Aufgaben mit Musterlösungen.

Die Zahl der Sternchen bezeichnet das Anforderungsniveau der jeweiligen Aufgabe.

Aufgabe 1 **

Act I, scene 3, ll. 128–170: Describe the "witchcraft" (l. 169) Othello used to win Desdemona's heart. In other words: Why, according to Othello, did Desdemona fall in love with him and how did this relationship thrive?

Model answer

In front of the Venetian Council

In the given extract from William Shakespeare's tragedy *Othello, the Moor of Venice* (Act I, scene 3, lines 128–170), the dark-skinned Venetian general Othello defends himself in front of the Venetian Council (Duke, senators, attendants, Brabantio, Cassio and Roderigo are present). He replies to his father-in-law's accusation of having used magic to win Desdemona's love with a tale of his life and an account of the true development of their relationship. To start with, Othello makes it clear that it was Brabantio who liked him very much, made him a frequent guest at his house and asked him to tell his life story.

Adventures

This story was full of adventures. From an early age on, Othello says, he has fought in sea and land battles, has travelled to exotic and spectacular places and has seen extreme landscapes and strange

4 REZEPTIONS-GESCHICHTE	5 MATERIALIEN	6 PRÜFUNGS-AUFGABEN

creatures like cannibals. He was a captive and escaped several times, became a slave and got free again.

Othello then lets the audience know that Desdemona, after having heard parts of his story, was eager to hear more. She slipped away from her housework whenever she could to hear him speak. Once she asked him to tell her the whole story and he consented. Hearing the entire story, moved Desdemona strongly. She felt sorry for Othello and at the same time admired his braveness. So she wished she had not heard the tale while also wishing that she was a man like Othello.

At the end, it is obvious from what Othello tells the Council that it was his eloquence or his charisma and the content of his life story which made Desdemona fall in love with him and not a magic spell. Their relationship thrived into a secret marriage.

No witchcraft

Aufgabe 2 ***

Analyse the way Othello delivers his tale (language, e.g. rhetorical devices, word choice, metre, structure and content) in Act I, scene 3, ll. 128–170 and the effect on the audiences (within the play and the theatre).

Model answer

In this scene of Shakespeare's tragedy *Othello*, the tragic hero presents himself to the audience for the first time. His language and the content of what he says, make him out as an honorable character and a loving hero. Beginning with a summary of his life, Othello goes on to deliver a more detailed account of how Desdemona fell in love with him and then he with her, emphasizing that there was no "witchcraft" involved.

Questions and exclamations

OTHELLO

127

1 SCHNELLÜBERSICHT	2 WILLIAM SHAKESPEARE: LEBEN UND WERK	3 TEXTANALYSE UND -INTERPRETATION

Nobel Hero

The short speech is in iambic pentameter, which underlines the protagonist's nobility and eloquence. Enumerations and climaxes (e.g. "battles, sieges, fortunes", l. 130 or "deserts (…), quarries, rocks, and hills", ll. 140/141) contribute to an exciting and vivid tale of his adventures, like hyperboles and personifications (e.g. the heads of hills touching heaven, cf. ll. 141/142). The exotic experiences Othello recounts probably let the audience see Othello in a similar way as Desdemona did when she first met him: A hero to admire as well as a pleasant, likeable, noble man.

Desdemonas free will

The "world of sighs" (l. 159, metaphor and symbol) that Desdemona gives Othello after hearing his entire story, heightens her pity for him as well as the anaphora and climax of her alleged words "'twas strange, 'twas…" (ll. 160). It is a difficult task to make the Council and Brabantio understand that it was Desdemona's own free will to love Othello, without making her appear dishonorable, at a time when women did not have many rights and arranged marriages were still the rule. Othello makes us see that it was Desdemona who took the initiative in their relationship because of her empathetic character.

In relation to his experiences in battle, Othello uses a word field of "suffering" (e.g. "pain"/l. 159; "slavery"/l. 138; "pitiful"/l. 161) to underline that his life was often woeful. As far as his relationship to Desdemona is concerned, the world field is often "religious" (e.g. "prayer", l. 152, "faith", l. 160, "heaven", l. 162), giving their love a holy justification.

Parallelism

In his speech, Othello is open and direct (e.g. parallelism "She loved me… / And I loved her…", l. 168/169). He stays calm and mild in the face of irrational accusation, a foil to the irrational and aggressive plaintiff (Brabantio) and hence appears at least pleasant or likeable. The mentioned parallelism sums up Othello's speech and gives a simple explanation for why they have fallen in love with

| 4 REZEPTIONS-GESCHICHTE | 5 MATERIALIEN | 6 PRÜFUNGS-AUFGABEN |

each other (mutual love), thereby making Brabantio's accusation seem ludicrous.

The effect on the audience within the play and at the theatre is that they are on Othello's side (against Brabantio), regard him or continue regarding him with respect and admiration and accept the social position he is in. The powerful Duke of Venice sums up their reactions by saying, "I think this tale would win my daughter too,…" (I, 3, 171). Finally, the Duke dismisses Desdemona's father with the words, "Your son-in-law is far more fair than black" (I, 3, 290; colour symbolism – it means that Othello is a good man). After all, a tragedy requires some form of identification with the hero or a certain height from which he can fall.

Identification with Othello

Aufgabe 3***

Examine in what way the excerpt from the drama (e.g. Act I, scene 3) reveals Shakespeare's universally acknowledged greatness.

Model answer

The given excerpt reveals Shakespeare's universally acknowledged greatness in its timeless themes, the presentation of the character, the faithful picture of life in general and the beauty of its language. The themes of love, jealousy and deceit expounded on in this scene, are in people's minds now as much as they were about 400 years ago in Shakespeare's time. Passion, longing, fear of losing someone and desperation etc. are universal feelings, human essentials, regardless of nationality, race, sex or social status.

Likewise, the realistic, complex and lifelike, presentation of characters, contribute to Shakespeare's universally acknowledged greatness. He presents an almost infinite variety of characters and

OTHELLO

| 1 SCHNELLÜBERSICHT | 2 WILLIAM SHAKESPEARE: LEBEN UND WERK | 3 TEXTANALYSE UND -INTERPRETATION |

displays a keen interest in the nature of man in all its diversity and incongruity, as well as its capacity for good and evil. Brabantio, for example, like many fathers, has problems accepting that his darling daughter, his only child, is going her own way, making decisions he does not approve of and loves someone apart from him (subtle jealousy). Girls are still often attracted to men who are adventurous and bold and who present themselves in a favorable light. Many people know what it is like to have a mother or father-in-law who does not approve of them, and couples with mixed racial background might experience similar resentment from relatives or strangers. The way Shakespeare presents all these feelings lets the audience or readers understand and identify with the characters. It draws the spectators into the play, so to speak.

Shakespeares language

Finally, it is the language (cp. analysis in task 2) that accounts for Shakespeare's fame. It is renowned for being fluent and easy in its expression with imaginatively splendid poetry. The story *Othello* tells is an exciting and exotic one, and he tells it in a way that attracts and keeps the audience's attention (at least for a time when there were no TVs, computers or smartphones and people cherished the culture of listening to words and understood most of the ones Shakespeare used). Shakespeare's writing is diverse: It can be complex and very poetic e.g. "rocks and hills whose heads touch heaven" (l. 141) but lifelike, simple and base, too. Of course, most people now find Shakespearean English hard to understand, especially foreign learners of English. But this does not make it less great, besides, like music, it can be felt and appreciated without being (fully) understood.

Timeless

In conclusion, one can say that Shakespeare's plays have a perennial appeal. People all over the world are touched by them, feel understood, can identify with them, perhaps get ideas and inspiration for their lives from them. That is why theatres all over the world

4 REZEPTIONS-GESCHICHTE	5 MATERIALIEN	6 PRÜFUNGS-AUFGABEN

continually play Shakespeare's dramas. Recent films are made of their "substance", and schools in the global village have them on their curriculum. So, there must be something special and time-less about Shakespeare's plays. Doubtlessly, Shakespeare can be considered a literary giant in the past, as well as in the 21st century.

Aufgabe 4*

At Manchester University two students of English discuss the ending of the play and arranged marriages in general. Write a controversial conversation.

Model answer

Two English students, Yasmin and Lisa, discuss the ending of *Othello*. They are sitting in a part of the library where nobody can hear them.

Yasmin (Y.): Why is Desdemona so silly? She should have listened to her father.

Lisa (L.): Typical of you to say that. You have no opinion of your own. It was good that she didn't! She loved Othello. She has her own opinion and respect for real love.

Y.: Respect? I'm the one who has respect! You must be kidding. I have respect for my parents, my family, my religion and my tra-ditions. I want my family to be proud of me.

L.: If you do everything your dad says, you won't have any fun in your life. If there was a boy you really, really loved, you couldn't be together with him because you want your parents to be proud of you. That's soooo silly. You would never have the courage that Desdemona and Othello had. They, especially Desdemona, stood up for their love. They stood up for liberty and freedom of choice. Sometimes it's good to break with tradition to be true to yourself.

Y.: Yeah, and what is the result of this "sweet" story? Had she taken a husband her father had chosen for her, everything would have been fine.

L.: What? Everything's fine?! What about Desdemona and her feelings? She loves Othello and should marry a man she does not love, perhaps someone she does not even know or who is as ridiculous as Roderigo, just because her father decided it? This arranged marriage could be hell for Desdemona – she could become a psychological wreck, her life could be wasted. Not all fathers' decisions are reasonable. Besides, we live in a democracy, and there's not just one person making decisions. Women in those days had no rights, no voice – that was horrible. I think Desdemona was more emancipated than you are.

Y.: Ha! Emancipation! Does it make you better or happier than me? Do you really think I'm suppressed? And less free than Desdemona? No way! My parents love me and protect me from making mistakes. I can rely on them, and so can my future partner. You can only really love one man, and real love grows in a relationship, no matter who you're with. A family's support helps a relationship to grow in a positive way. Those people who choose their own partners divorce them much more often than arranged partners. There's less respect and responsibility.

L.: That's because they are not allowed to form their own opinion!

Y.: Feelings are not as reliable as you and so many people believe. You basically have troubles if you base your life on fickle feelings.

L.: So you prefer to spend the rest of your life with someone you don't know?

Y.: I'll get to know him.

L.: But you might not grow to like him.

Y.: It's way better than being with a man who kills me, isn't it? And better than being lonely and never finding the right partner until it's too late to have children.

L.: Now you're being ridiculous. The majority of people are not lonely and have children when they want them. It's all about their own choices! Can't i decide what's best for me, too? And what about the rights that women have fought for for years? We can now do what **we** decide to do. It's our chance to take responsibility for our lives. It's too easy to give it to parents or to religion only.

Y.: Why? Your parents have so much more experience. If Desdemona had only waited and married a man of her father's choice, she would have lived longer. She was simply too young and foolish – her tragic flaw.

L.: Longer – perhaps. Happier – never! It's better to live a shorter life but with the experience of real love than to live longer and become embittered and sad.

Y.: Why embittered or sad? My parents are neither. Nor are my aunts or uncles, and they all had arranged marriages. They all have strong, trusting relationships.

L.: What about love?

Y.: Sure there's love. Not the butterflies in your stomach feeling for 50 years. But love nonetheless. All marriages, be they arranged or not, lose some of the infatuation over the years? My parents have a good life, are religious and live in peace and harmony. They are best friends.

L.: My parents are best friends, too. They fell in love with each other on a demonstration against nuclear power plants. We'll never agree. Still, I think that Desdemona did everything right. It was not her fault that evil Iago infiltrated her husband. They might have lived happily ever after.

LITERATUR

Zitierte Ausgabe:

Shakespeare, William: *Othello, the Moor of Venice.* Hrsg. von Dieter Hamblock. Reclams Universal-Bibliothek Nr. 19882. Stuttgart: Philipp Reclam jun., 2013.

Sekundärliteratur

Brusch, Wilfried: *Dicovering Shakespeare. Stuttgart:* Ernst Klett Schulbuchverlag, 1996. → Das Wichtigste zu allen Bereichen kurz, einfach und verständlich mit vielen Bildern.

Bryson, Bill: *Shakespeare – The World as a Stage. New York:* Harper Press, 2007. → Gut recherchierte Biografie, die sich wie ein Roman liest und z. T. ziemlich lustig ist.

Drabble, Margaret; Stringer, Jenny: *The Concise Oxford Companion to English Literature.* New York: Oxford University Press, 1990.→Gibt einen schnellen Überblick über fast alle Autoren und Werke, die man im Englischunterricht behandelt; ansprechend formuliert.

Gibson, Rex (Hrsg.): *Othello. Cambridge School Shakespeare.* Cambridge: Cambridge University Press, 1992. → Diese Text-Ausgabe ist für Schulklassen oder Schauspieler geeignet und praktisch angelegt: Auf jeder Seite gibt es zum Text passende Übungen zur Auseinandersetzung mit dem Inhalt des Dramas, Spielanregungen oder Aufgaben zur Untersuchung der Sprache. Im Anhang befinden sich eine kurze Biografie Shakespeares und Ideen für die Weiterarbeit mit dem Stück.

Honigmann, E. A. J. (Hrsg.): *Othello. The Arden Shakespeare.* London: Arden, 1997. → Wissenschaftlich sehr fundiert und sprachlich äußerst anspruchsvoll. Die 111 (!) Seiten lange Einleitung geht ausführlich auf Handlung, Themen, Sprache,

Entstehungs- und Rezeptionsgeschichte sowie Charaktere ein. Die Anmerkungen zum Text des Dramas auf jeder Seite sind etwa so lang wie der Text selbst.

Nordlund, Marcus: *Shakespeare and the Nature of Love: Literature, Culture, Evolution.* Evanston, Ill.: Northwestern University Press, 2007

Paris. Jean: *Shakespeare.* Hamburg: Rowohlt Taschenbuch Verlag, 1958 (rowohlts monographien). → Biografie, gute Übersicht und hilfreiche Informationen über Shakespeare, seine Zeit und seine Werke.

Rotter, Wilfried; Bendl, Hermann: *Your Companion to English Literary Texts, Volume II, Analysis and Interpretation of Poetry and Drama.* München: Manz Verlag, 1984.

Thiele, Gerd (Hrsg.): *Shakespeare and his Times.* Berlin: Cornelsen Verlag, 1982. → Unter anderem Texte zum Elisabethanischen Zeitalter und zum Elisabethanischen Weltbild.

Warren, Rebecca: *Othello.* London: York Press, 1998. → Das englische Äquivalent zu dieser Lernhilfe; gut für die Schule.

Wells, Stanley (Hrsg.): *The Cambridge Companion to Shakespeare Studies.* Cambridge: Cambridge University Press, 1986. → Details zu allen Bereichen – wissenschaftlich geschrieben und ziemlich schwer zu verstehen.

Wells, Stanley: *Shakespeare. For all Time*. New York: Oxford University Press, 2003

Verfilmungen:
Eine Auswahl der zahlreichen Verfilmungen siehe S. 117 ff.

LITERATUR

Internetquellen (Stand Sept. 2014):

www.bbc.co.uk/drama/shakespeare → Moderne Zeitungsartikel über Shakespeares Dramen, Themen und Charaktere; Spiele und interaktive Angebote.

www.elizabethan-era.org.uk → Vieles zum Thema Elisabethanisches Zeitalter.

www.shakespearesglobe.com → Link zum wiederaufgebauten Globe Theater.

STICHWORTVERZEICHNIS

Blankverse (blank verse) 88

Burbage, Richard 18, 111

Cinthio 26–28

Comic relief 60, 61, 95

Dramatische Ironie (dramatic irony) 7, 8, 61, 88, 90

Eifersucht (jealousy) 35, 44, 46, 55, 100, 101, 103–106

Elisabeth I. 12, 13, 27, 108

Elisabethanisches Zeitalter (Elizabethan Age) 12, 14, 16, 33, 115

First folio (Gesamtausgabe) 6, 11, 33

Globe 11, 17, 111

Jakob I. (James I.) 26, 27, 111

Katastrophe 60

King's Men 11, 20, 27, 111

Metapher (metaphor) 8, 91

Prosa (prose) 88

Rassismus 74, 108, 109

Taschentuch (handkerchief) 6, 31, 43, 45–47, 51, 60, 65, 79, 94, 99, 105, 109

Temptation scene 43, 57, 60

Vorausdeutung (foreshadowing) 39, 49, 61, 97, 99

Willow Song 34, 49, 80, 99

EIGENE NOTIZEN

EIGENE NOTIZEN